澳門 小旅行

全新增訂版

U0021383

Contents

Contents

在澳門找到感動時刻！

在10年前，台灣坊間要找一本澳門的旅遊書還非常不容易，最多就是在「港澳旅遊」類的書當中夾上幾頁的介紹，然而自從大型觀光度假村如威尼斯人、新濠天地、銀河，以及金沙城等相繼開幕，而前往澳門3天2夜旅行的旅客大幅增加後，澳門的旅遊書為因應市場，亦如雨後春筍般陸續出版。

澳門的旅遊有不同的類型，有介紹吃喝玩樂的，有介紹世界文化遺產的，亦有編排得極有文化內涵的。而克里斯李的作品，在我閱讀之前，本以為又是一般的旅遊介紹書籍，待我細讀以後，大為驚訝，顯然作者對澳門的瞭解，絕不在我之下，甚至有些景點，比我還更清楚。而我感動的是，如果作者本身不是對澳門有很大的喜愛，他絕對不可能有如此深刻的描述，如此觸動人心的介紹。

我生於香港，卻因在我3歲時舉家遷往澳門，在澳門度過了15個年頭，那是人生最令人懷念的一段時光。我常午夜夢迴，總希望找回一些過去的回憶，雖然記憶還在，但往日的小城今日已經歷了很大的改變。

　　還好因為澳門從以前的葡萄牙政府，到現在的特區政府都對保存澳門的老房子有一致的政策，才有今天的鄭家大屋、盧家大屋、崗頂劇院、何東圖書館，以及議事亭前地（如今當地人普遍稱作噴水池）等 25 處被列為世界文化遺產的建築群，還有優雅的盧廉若花園等歷史文化建築。

　　每次回到澳門，如有時間必定會步行到小時候常流連的地方：三盞燈、塔石街、瘋堂斜巷、大炮台、草堆街、雅廉坊、得勝馬路，就連小時候從不去的關前帝街及爛鬼樓，都因為如今還有值得去看的老商店而駐足。那是一種很大的享受，在這本書中，克里斯李大部份都有介紹了這些不是一般觀光客常到的地方，我最感動的是，他在「生活在澳門」一章中提到：「如果能多了解在地的庶民文化，旅行層次則能更上一層。」

　　克里斯李顯然是位非常懂得旅遊的人士，他不會因單獨而寂寞，反而在自己一個人前往澳門時找到了澳門的靈魂，澳門不是一個適合匆忙來去的地方，以慢慢的腳步，打開你的心扉，讓澳門的每一吋文化，豐富你的心靈。

　　非常感謝克里斯李這本書，讓讀者更懂得如何在澳門找到感動時刻！

澳門旅遊局公關顧問首席顧問　梁吳蓓琳

來一趟澳門「才發現」之旅

　　最近一次澳門之旅我獨自前往，獨自在腦海裡思索、在五感中體會，體會這座城市的新發現及舊感動！

　　澳門是一座不斷成長的城市，1912 年國土面積為 11.6 平方公里，成為 2018 年的 30 多平方公里，未來將再增加水域面積 85 平方公里；澳門是一座不斷變動的城市，路氹區緊接著有上葡京、梁安琪主題公園酒店等大型娛樂酒店接續開幕，輕軌捷運也即將通車投入營運；澳門是一座會吸納的城市，每年吸引超過 3 千萬名入境旅客；澳門是一座相當守舊的城市，豐富的文化遺產讓這裡宛如生活在一座大型博物館裡；澳門也是一座美食之都，從庶民小吃到米其林餐廳都有。

　　幾次來澳門有過境、有帶團、有跟朋友、跟家人，和澳門的每次接觸隨著不同旅伴而有不同體會；團體旅行，一趟旅程下來對澳門的印象是大三巴、蛋塔，還有回歸紀念錶；和朋友前來則是豪華娛樂場及水舞間；和家人前來其實印象最深刻的是如何跳島搭公車；這些零散的片段在我幾次獨自旅行後得到昇華，才發現，原來澳門是座適合獨自前往的城市。

　　走離遊客捧著旅遊書的標準路線，鑽進小巷，沿著葡式碎石路，仔細品味這座城市，才發現，中西文化衝擊出的火花是如此鮮明，澳門歷史城區像一串彩珠，25 顆彩珠兀自散發屬於自己的獨特魅力；如果你是建築迷，情緒會在這裡直接崩潰，驚嘆於西關大屋當時的前衛風格；發現於艷彩的葡式民居及教堂，原來是文藝復興後期結合在地文化的變種體；如果你是歷史迷，4 百多年的西方宗教及遠東歷史軌跡，足以讓你沈浸在歷史洪流，久久不能自已⋯⋯。

　　除了靜態旅行，澳門也是極限運動挑戰場，站在澳門旅遊塔下，總是不時從塔頂傳來尖叫

聲，如果你不敢輕易嚐試高空彈跳，也可以試試入門的 X 版空中漫步，在高達 233 米懸空走道上失魂奔跑；每年 11 月「格蘭披治」大賽車就在澳門的大城小巷間舉行，隨著大賽車發出的呼嘯聲，腎上腺素也跟著極速爆發，才發現，原來澳門也是座動感城市。

跳島旅行是這次最大的收穫，路環早期對澳門人來說是座遙遠的離島，現在路環及氹仔島間被填海為陸，交通便利了，成了澳門人每逢假日就會湧至的度假勝地。這裡很適合來趟減壓之旅，看看萌系大熊貓開開及心心，沿著小漁村散心，吃著海鮮燒烤，看著安德魯蛋塔店門前每一位旅人的幸福表情，躺在黑沙海灘曬太陽，坐在竹灣海邊喝咖啡享受碧海藍天，才發現，原來澳門也適合來趟綠色小旅行。

旅行元素少不了美食，澳門菜系骨子裡源自廣東，實際上是融合葡萄牙的綜合體，葡萄牙人東進亞洲航海過程中又先後受到非洲、印度及東南亞的影響，澳葡菜成了一門獨一無二的菜系。這裡不乏道地葡菜、米其林餐廳，但親民的小吃彷彿更能吸引我，我在巷弄間尋找澳門陀地介紹的糖水店、70 年歷史的車仔檔，品嚐了道地的竹昇麵、艇仔粥，喝了涼水，買了雞仔餅，才發現，原來澳門不是只有蛋塔及豬扒包。

原來澳門的「新發現」與「舊感動」，其實是由一連串的「才發現」組成的，澳門總在一聲「才發現」中帶給旅人超乎想像的驚喜與感動。

來澳門，尋找屬於自己的「才發現」，相信你也會和我一樣，收穫總比想像中的多更多。

克里斯·李

Capítulo um

澳門行前
必學秘技 × 交通攻略

澳門離台灣很近，搭飛機只要一個半小時的航程；澳門離我們很遠，不論在人均 GDP、國際視野及生活品質上在在超越台灣。澳門有最新、最豪華的娛樂場，同時也保留了全中國最古老的西洋建築群。飲食方面葡式風味及粵菜是最常見的菜式，難得的是保留了澳門式獨特風格，中西薈萃及新舊交替下形成獨特的澳門視野。澳門是相當適合自助旅行的地方，除了語言相通、交通方便、治安良好，因為腹地不大，也是相當適合漫步旅行的好地方。在這裡為各位整理前往澳門的注意事項、澳門的住宿選擇、交通大小事及你想知道的旅行資訊。

氹仔、路環島

景點 H 飯店

澳氹大橋
友誼大橋

海洋花園大馬路
史伯泰海軍將軍馬路
觀晉岩
澳門大學
北安大馬路
信安馬路
氹仔客運臨時碼頭

小潭山
新世紀酒店
廣東大馬路
麗景灣酒店
孫逸仙博士大馬路
高勵雅馬路
大潭山
雞頸馬路
大潭山公園
澳門國際機場

東亞運大馬路
葛拉蘭大馬路
格蘭酒店
運動場道
澳門運動場
三婆廟
澳門氹仔
偉龍馬路

澳門賽馬會
東亞運大馬路
望德聖母灣大馬路
路氹歷史館
澳門科技大學

澳門百老匯 H
蓮花海濱大馬路
摩珀斯酒店
新濠天地
體育館大馬路
永利皇宮
上葡京

澳門銀河
威尼斯人度假村酒店
澳門大倉酒店
JW萬豪酒店
路氹連貫公路
澳門金沙城中心
梁安琪主題公園酒店 H
美獅美高梅

路氹大馬路
澳門四季酒店
澳門巴黎人
路氹
新濠影滙
蓮花路
東亞運動會體育館

蓮花大橋
蓮花路

東方澳門高爾夫俱樂部
路氹連貫公路
水塘
九澳灣

蓮花海濱大馬路
排灣馬路
九澳高頂馬路
三聖廟
九澳水庫郊野公園
九澳七苦聖母小堂

珠海
Zhuhai
石排灣郊野公園
土地暨自然博物館
澳門大熊貓館
黑沙馬路
澳門高爾夫球鄉村俱樂部
澳門威斯汀度假酒店 H
黑沙水庫郊野公園

石排灣馬路
媽祖文化村
黑沙灣

路環島
三聖宮
安德魯餅店
路環聖芳濟各教堂
黑沙公園
黑沙灣

天后廟
竹灣馬路
竹灣燒烤公園
竹灣馬路

譚公廟
水上活動中心

竹灣

N
W E
S

到澳門一定要知道的事

■ **地理位置**：澳門位於中國大陸東南沿海珠江三角洲地帶，距離香港約 63 公里，在台灣西南方，距台北約 870 公里。澳門主要由澳門島、氹仔島、路氹城及路環所組成，氹仔及路環原為二座離島，因填海造路工程現由路氹城連接。澳門島和中國大陸相連結，通過關閘可前往中國珠海及中山，和氹仔島間有友誼大橋、嘉樂庇總督大橋（澳氹大橋）及西灣大橋等三座橋梁連結，路氹城和中國大陸間有蓮花大橋通聯，由此可通往珠海。

■ **面積**：30.5 平方公里，約台北市的 1/9，另有 85 平方公里海域面積。

■ **人口**：648,500 人（2018 上半年統計）。

■ **世界之最**：人口密度世界最高、世界第二長壽、汽車密度世界最高、銀行密度世界最高、博奕花樣世界最多、喜慶節日世界最多、澳門別稱世界最多。

■ **官方語言**：官方語言為粵語及中文，其次為葡萄牙語及英語。

■ **種族**：澳門人口以華人佔 94% 為大宗，其次為葡萄牙人及其他外國人。

■ **時差**：澳門和台灣及中國、香港無時差。

■ **匯率**：澳門使用澳門幣（Patacas），旅客兌換請以港幣為主，在澳門使用港幣匯率為 1:1。和台灣匯率約為 1MOP=3.61TWD，和香港匯率約為 1HKD=1.03MOP，和中國匯率約為 1CNY=1.28MOP，和美金匯率約為 1USD=8.01MOP（以上匯率為 2018 年 6 月數據）。在澳門使用港幣，通常數值相等不找零，通稱為不補水。

■ **氣候**：澳門為亞熱帶海洋性氣候，氣溫和台灣相近，1、2 月氣溫較低有時會降到 10 度以下，3、4 月偶會起霧，6 月雨量較多，7、8 月酷熱，10 到 12 月則是氣候涼爽宜人。澳門地球物理暨氣象局天氣預報：

http://www.smg.gov.mo/www/c_index.php

■ **國際區號**：+853

■ **旅遊禁忌**：澳門風俗習慣大致和華人區相同，進出賭場需年滿 21 歲、2012 年 1 月 1 日起澳門實施室內禁煙，包括娛樂場內。

行前準備

出發前總整理

澳門機場出境右手邊停滿了各家酒店的免費接駁車

簽證

澳門進澳門出	持有效台灣護照不用簽證,最長可停留 30 天,E/D CARD 通關時電腦自動刷出。
澳門 → 大陸 → 澳門	台灣護照 + 台胞證 (2015 年 7 月 1 日起台胞證不用加簽)
澳門 → 香港 → 澳門	台灣護照 + 台胞證 沒有台胞證的人可於「香港政府一站通」網站辦理免費電子簽。持台胞證入境香港最長可停留 30 天。
香港 → 澳門 → 香港	台灣護照 + 台胞證 沒有台胞證的人可於「香港政府一站通」網站辦理免費電子簽。 如不入境於香港赤鱲角機場搭乘飛翼船直轉澳門,則不需台胞證或電子簽。

訂機票

　　台灣桃園、台中及高雄三大城市皆有直航航班直飛澳門,飛行時間約 90 分鐘。桃園及高雄目前有台灣虎航廉價航空投入營運,通常從高雄起飛的票價較便宜。虎航三大城市皆有飛、長榮飛台中,澳門航空飛桃園及高雄。

　　欲訂機票的朋友建議可以在搜尋網站上輸入「機票比價」、「便宜機票」等關鍵字,就會跳出比價網站,只要輸入前往地點、日期及各項資訊,比價網就會篩選出最低票價及最適合條件的旅行社,不過比價網上的機票價格通常不含稅金,有些價格需搭配信用卡使用,針對週末假日通常會有折扣活動。

帶什麼衣物?

　　氣候和台灣相近,針對不同季節攜帶衣物即可。進入賭場請穿著整齊,背心、短褲及夾腳托鞋通常不可以進入(不過目前管制不是這麼嚴格,視飯店而定),大部份高級飯店皆有游泳池,請記得攜帶泳裝,高級餐廳請著正式服裝。

電器插頭與電壓

澳門電壓為 220V，插座為三孔扁型。以目前電子產品：相機、手機及電腦來說，電壓皆可接受 110V ～ 240V，基本上不用變壓器，部份飯店浴室內有和台灣相容的 110V 插座可供使用，不然就要自行攜帶插頭轉換器。如果你常出國，建議在機場或在機上購買萬用插座，以後出國前往世界各地就不用煩惱如何攜帶插座了。

澳門英式插座

澳門有沒有免費 WiFi ？

到國外旅行，最關心的莫過於國際電話卡及網際網路開通。澳門政府在各大政府部門、公共建築、公園、廣場、機場及各大旅遊景點皆提供免費 WiFi 任我行，大部份酒店大堂公共區域及穿梭巴士內也提供免費 WiFi，朋友們可以多加利用。

詳細熱點請參考：http://www.wifi.gov.mo/tc/Find.php

澳門街上特有的錢幣兌換所

錢財大小事

澳門官方流通為澳門幣（MOP），港幣在澳門也流通，人民幣則較不流通。在澳門使用港幣相等於澳門幣，一般統稱為不補水（也就是不補匯率差額，1HKD=1.03MOP。）

澳門大部份賭場內的賭資兌換及吃角子老虎機皆採用港幣。台灣旅客建議先在台灣換好港幣（台銀不收手續費），如果不是錙銖必較，則在澳門全程使用港幣及信用卡消費即可，請了解！每 100 港幣約有 11 塊台幣的價差。如果想更經濟實惠，則可以在新馬路及議事亭前地的兌換所，將港幣換成澳門幣再使用澳門幣於當地消費。

台幣在澳門機場、新馬路及議事亭前地也可以換兌成澳門幣，但一般來說匯率並不太好。

澳門通儲值卡

■晶片澳門通儲值卡

新澳門通儲值卡

澳門有發行類似香港八達通及台灣悠遊卡的晶片儲值卡，可在澳門機場 7-11 便利超商購買（離境大廳一樓），每張 MOP130 元，包含 MOP30 元的卡片押金及 MOP100 元的現金儲值，儲值須以 MOP50 元為倍數單位。

晶片澳門通可用於搭乘公車，7-11 及 OK 便利超商購物，超級商場、餐廳及自動販賣機購物等，

便利超商可以買到晶片澳門通

也可用於機關學校及公寓大樓的識別卡。使用晶片澳門通搭乘公車及轉乘通常有優惠，差額部份由澳門政府補貼；合作餐廳及購買港澳間飛翼船票也多有折扣。

注意：儲值卡在 7-11 及 OK 便利超商皆可購買及儲值，但退卡只能在澳門通客戶服務中心。

澳門通客戶服務中心
地址：澳門友誼大馬路918號世界貿易中心13樓A-B座
電話：(853) 2872 7688
時間：10:00～19:00
注意：儲值卡在7-11及OK便利超商皆可購買及儲值，但退卡只能在澳門通客戶服務中心。

來往港澳間的金光飛航

善用免費資訊

澳門政府針對旅遊推廣不遺餘力,大部份景點及展館皆免費入場。票價最高為澳門科學館,展場門票 MOP25 元,使用澳門通享有優惠。

★善用酒店免費交通接駁。

★澳門及香港間免費飛翼船(參加大型酒店會員,並累積點數)。

★娛樂場內提供免費瓶裝飲水。

★手信店土產皆免費試吃。

★持澳門航空票根有折扣優惠(詳見機上雜誌)。

★機場及港口可拿到免費地圖。

★各景點皆有圖章可以蓋。

來往港澳間的噴射飛航

香港到澳門飛翼船

香港距澳門 63 公里,來往二地間可選擇直昇機及飛翼船,很多朋友想利用旅遊之便順遊二地,澳門對台灣免簽,只要確認香港有效簽證直接到船廈購買船票,或於網上預訂,同遊二地不是難事。

★飛香港行李可以直轉澳門,只要憑行李貼條告訴飛翼船售票人員就能直轉行李,行李在澳門港口領取。

★香港直轉澳門需在澳門港口入境,澳門採用電子入境表格(隨護照刷出),不需人工填寫。

★澳門外港客運碼頭(港澳碼頭)位於澳門半島,鄰近漁人碼頭及水立方賭場,一出關即有各家賭場免費巴士可以搭乘。

★澳門氹仔客運碼頭位於氹仔,威尼斯人、銀河、新濠影滙等大型酒店都在同一個島,一出關即有各家賭場免費巴士可以搭乘。

★鄰近議事亭前地的下車地點英皇酒店、新麗華酒店、新葡京酒店、新馬路。

噴射飛航（TURBO JET）

香港起落碼頭	澳門起落碼頭	香港出發時間及票價	澳門出發時間及票價	航行時間
中國客運碼頭（香港九龍尖沙咀廣東道33號）	外港客運碼頭（澳門島）	07:00～22:30（每30分鐘一班）普通票價 日航 HK171 日航假日 HK186 夜航 HK211	07:00～22:30（每30分鐘一班）普通票價 日航 HK160 日航假日 HK175 夜航 HK200	60分鐘
香港港澳碼頭（上環干諾道中200號信德中心3樓）	外港客運碼頭（澳門島）	07:00～23:59（每15分鐘一班）普通票價 日航 HK171 日航假日 HK186 夜航 HK211	07:00～23:59（每15分鐘一班）普通票價 日航 HK160 日航假日 HK175 夜航 HK200	55分鐘
香港港澳碼頭（上環干諾道中200號信德中心3樓）	氹仔碼頭（氹仔島）	08:50、11:40、15:50、16:50、17:50 普通票價 日航 HK171 日航假日 HK186 夜航 HK211	10:10、14:10 普通票價 日航 HK160 日航假日 HK175 夜航 HK200	55分鐘
香港國際機場（海天客運碼頭）	外港客運碼頭（澳門島）	固定班表 11:00、13:15、17:00、22:00 普通票價 HK270	固定班表 07:15、09:30、11:30、15:15、19:45 普通票價 HK270	70分鐘

噴射飛航
TURBO JET http://www.turbojet.com.hk/tc/

金光飛航（COTAI WATER JET）

香港起落碼頭	澳門起落碼頭	香港出發時間及票價	澳門出發時間及票價	航行時間
中國客運碼頭（香港九龍尖沙咀廣東道33號）	氹仔客運碼頭	08:15、09:15、10:15、11:15、12:15、13:15 普通票價 日航 HK171 日航假日 HK186 夜航 HK211	10:45、11:45、16:45、17:45、18:45、19:45 普通票價 日航 HK160 日航假日 HK175 夜航 HK200	60分鐘
香港港澳碼頭（上環干諾道中200號信德中心3樓）	氹仔客運碼頭	07:00～23:30（約30分鐘～1小時一班）普通票價 日航 HK171 日航假日 HK186 夜航 HK211	07:00～01:00（約30分鐘～1小時一班）普通票價 日航 HK160 日航假日 HK175 夜航 HK200	1小時15分鐘
香港國際機場海天客運碼頭	氹仔客運碼頭	10:15、12:15、14:15、16:15、19:00、21:00 普通票價 HK270	07:15、08:45、10:15、11:55、13:55、15:55 普通票價 HK270	65分鐘

金光飛航
http://www.cotaijet.com.mo/zh-hant

機場至市區交通攻略

澳門國際機場距離澳門半島主要酒店（市區）約 8 公里，有幾種交通方式可至市區。

外港客運碼頭又稱為港澳碼頭

機場巴士

每日上午 07:00 ～凌晨 01:20 之間，尖峰時間 5 ～ 8 分鐘一班，行駛於各大型飯店、港澳碼頭，終點站為關閘，從機場至關閘約為 40 分鐘。搭車地點位在入境大廳外，收費為 MOP4.2 元。

計程車

澳門計程車有黑色（一般計程車）及黃色（電召計程車）二種，收費相同都可以隨召隨停，差別在電召計程車無法在各大招呼站排班，但能接受電話叫車。坐計程車至各大酒店所需費用約為 MOP100 元起。

黑色為一般計程車

計程車收費標準：澳門的士（又稱出租車或計程車）的車身是黑色，車頂是奶白色。起跳價（首 1600 公尺）收費澳門幣 19 元，之後每 240 公尺加收 2 元，停車候客收費每分鐘 2 元，放置在行李箱的行李，每件加收 3 元。從澳門往路環，或在澳門國際機場的士候客區、氹仔客運碼頭的士站和澳門大學乘車，除了車資外，另收附加費 5 元；氹仔往路環加收 2 元附加費。由澳門往氹仔或由兩離島返回澳門，則無須加收任何附加費。

各飯店免費接駁巴士

　　路氹城區、澳門半島各酒店於關閘、港澳碼頭、國際機場、氹仔碼頭、蓮花口岸等主要出入境關口皆有提供免費接駁及免費車上 WiFi。

　　澳門機場前往澳門半島建議二段式轉乘，乘坐銀河酒店接駁車到銀河酒店可轉乘到澳門半島新馬路；乘坐新濠天地、新濠影滙接駁車到酒店轉乘站可轉乘到澳門半島新麗華飯店，新馬路及新麗華飯店離議事亭前地、大三巴及澳門半島各大酒店皆在步行距離內。

關口及機場有各家酒店免費巴士

巴士交通攻略

　　澳門目前有 3 家巴士公司，分別為新福利巴士、澳巴、新時代，營運時間約為上午 06:00 ～夜間 00:00，3 家收費都一樣。市內有多達 66 條公車路線，來往於澳門半島、氹仔、路環之間，班次頻繁且收費在 MOP3.2 ～ 6.4 元間（需留意行車方向）。各站牌均設有中、葡文的站名，各家巴士均接受澳門通儲值卡，使用澳門通儲值卡搭乘及轉乘皆有優惠。

澳門有3家公共汽車公司

起訖地點	公車編號
澳門半島／氹仔島	11、22、28A、30、33、34
機場	AP1、MT1（順行）、MT2（逆行）
澳門、氹仔及路環間	21A、25、26、26A
媽閣廟	1、2、5、7、9、10、18、28B
澳門旅遊塔	9A、23、32
亞馬喇前地公共巴士轉乘站	2A、3X、5X、7A、8A、10X、28BX、N1A（順行）、N1B（逆行）、22F、39

路線：
詳細路線可查詢澳門公共巴士資訊網站：http://www.dsat.gov.mo/bus/tc/bus_service.aspx

開篷巴士遊澳門

　　開篷巴士為老外最喜歡的旅遊方式，起落點在港澳碼頭，沿途停靠 11 處熱門旅遊景點，車上有導遊及導覽系統，全程約 70 分鐘，旅客可在停靠站自由上下車。

　　港澳碼頭🚌→漁人碼頭（勵庭海景酒店）🚌→科學館🚌→觀音像🚌→葡京酒店🚌→新八百伴（英皇娛樂酒店）🚌→澳門旅遊塔🚌→媽閣廟🚌→澳門銀河🚌→澳門百老匯🚌→威尼斯人酒店🚌→港澳碼頭

搭乘地點：港澳碼頭1026舖頭（首發）或各停靠站
時間：09:30～16:15
出發時間：09:20、10:05、10:50、11:35、12:20、13:05、13:50、14:35、15:20、16:05
電話：（853）2832 1368
票價：成人HKD150元、兒童HKD100元、2歲以下免費（只接受現金）

開篷巴士是外國人最喜歡的旅遊方式之一

三輪車走過議事亭前

位於葡京酒店前的三輪車站

觀光人力三輪車

　　人力三輪車是澳門島最具特色的交通工具，葡京酒店前是最大集散地，目前大約有二十多輛加入營運。每位車伕都是澳門通，可以帶領乘客穿梭在澳門島大街小巷，車伕還會介紹澳門的「特殊」景點，通常包車費用 1 小時 MOP150 元，到旅遊塔 MOP70 元、到議事亭前地 MOP80 元、媽閣廟 MOP100 元，建議上車前先講好價格。

搭三輪車遊澳門是既懷舊又新奇的體驗

免費穿梭巴士

氹仔島酒店免費穿梭巴士

	威尼斯人	新濠天地	金沙城中心	永利皇宮	美獅美高梅	新濠影滙	澳門巴黎人	澳門銀河
澳門國際機場	10:00～22:30	09:00～23:45	10:00～22:30	09:00～23:30	×	10:00～21:35	10:00～22:30	*11:00～21:00
澳門港澳碼頭	09:30～00:00	×	09:00～00:00	09:00～23:30	09:00～00:00	09:00～00:30	09:00～00:00	*09:00～23:00
氹仔碼頭	06:35～02:40	09:00～23:45	06:35～02:40	09:00～23:30	×	09:00～00:30	06:15～00:15	*09:00～23:00
蓮花口岸	09:45～17:15	09:00～20:00	09:30～19:30	**09:00～17:00	×	×	09:35～20:05	09:30～17:00
拱北關閘	09:00～00:30	09:00～00:00	09:30～23:30	09:00～23:30	11:00～00:00	09:05～00:30	09:30～23:30	09:30～00:00
氹仔舊城（官也街）	×	12:00～21:00	×	12:00～20:30	×	×	×	11:30～21:30
威尼斯人	×	11:30～22:30	11:30～22:30	11:30～22:30	11:30～22:30	11:30～22:30	10:00～22:00	11:30～22:30
新濠天地	11:30～22:30	×	11:30～22:30	11:30～22:30	11:30～22:30	11:30～22:30	×	11:30～23:30
金沙城中心	11:30～22:30	11:30～22:30	×	11:30～22:30	11:30～22:30	11:30～22:30	10:00～22:00	10:00～22:00
永利皇宮	11:30～22:30	11:30～22:30	11:30～22:30	×	11:30～22:30	11:30～22:30	×	11:30～22:30
美獅美高梅	11:30～22:30	11:30～22:30	11:30～22:30	11:30～22:30	×	11:30～22:30	×	11:30～22:30
新濠影滙	11:30～22:30	10:20～22:30	11:30～22:30	11:30～22:30	11:30～22:30	×	×	11:30～22:30
澳門巴黎人	10:00～22:00	×	10:00～22:00	×	×	×	×	×
澳門銀河	11:30～22:30	11:30～22:30	11:30～22:30	11:30～22:30	11:30～22:30	11:30～22:30	×	×
澳門金沙（漁人碼頭）	10:00～00:00	×	10:00～00:00	×	×	×	10:00～00:00	×
星際酒店	×	×	×	×	×	×	×	10:00～00:00
英皇酒店（澳門島市區）	×	11:00～00:30	×	×	11:00～22:00	10:30～00:00	×	×
永利澳門（澳門島市區）	×	×	×	09:00～23:30	×	×	×	×
美高梅（澳門島市區）	×	×	×	×	09:00～00:00	×	×	×
澳門旅遊塔（澳門島市區）	×	11:00～21:30	×	×	×	12:00～21:00	×	×

以上免費接駁，尖峰時間約為10～15分鐘一班，離峰時間約為30分鐘～1小時一班，時刻表的第一班及末班車時間會有誤差，請以現場為準。

* 途經澳門「百老匯娛樂場」、**限周六日行駛，新濠影滙前往澳門島需住宿、消費、門票、入會才能搭乘。

路氹服務專線：美獅美高梅 ↔ 澳門銀河 ↔ 澳門百老匯 ↔ 新濠影滙 ↔ 新濠天地 ↔ 威尼斯人酒店 ↔ 永利皇宮 ↔ 金沙城中心

澳門島酒店免費穿梭巴士

	英皇酒店	新葡京酒店	永利酒店	美高梅酒店	十六浦酒店	澳門金沙
澳門國際機場	11:00～18:00	×	10:00～22:15	×	×	×
澳門港澳碼頭	09:00～00:30	10:00～23:00	09:00～23:45	09:00～23:50	09:00～23:00	09:00～00:00
氹仔碼頭	×	10:00～18:30	09:00～23:30	×	×	07:00～23:50
蓮花大橋	14:30～17:30	×	×	09:00～16:35	×	×
拱北關閘	09:00～23:20	10:00～23:00	09:00～23:45	09:00～23:45	09:00～23:30	09:00～00:00
北安碼頭	×	×	×	11:25～21:00	×	×
美獅美高梅	×	×	×	09:00～00:00	×	×
威尼斯人酒店	×	×	×	×	×	10:00～00:00
金沙城中心	×	×	×	×	×	09:00～00:00
澳門巴黎人	×	×	×	×	×	10:00～00:00
永利皇宮	×	×	09:00～23:30	×	×	×

以上免費接駁，尖峰時間約為10～15分鐘一班，離峰時間約為30分鐘～1小時一班，時刻表的第一班及末班車時間會有誤差，請以現場為準。

澳門輕軌捷運路線圖

　　澳門是目前中國唯一沒有鐵路及輕軌捷運的特區，現在規劃一期澳門及氹仔島輕軌捷運、澳門島二期及連接到珠海無縫接軌捷運等系統，一期由氹仔碼頭至媽閣站首通車預計於 2019 年加入營運。

Capítulo II

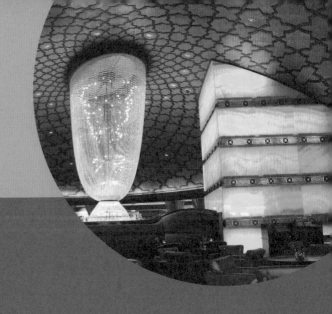

一次逛夠豪華娛樂場

熱門景點 X 行程攻略

澳門給人最初印象即是霓虹閃爍的大型娛樂場，「澳門巴黎人」、「永利皇宮」、「美獅美高梅」陸續開幕，未來尚有「上葡京」及「梁安琪主題公園酒店」即將投入營運，屆時澳門的天空將會更加璀璨。紙醉金迷的娛樂場其實是實現小資旅行最佳地點，各家娛樂場為得到你的青睞，無不卯足全力展現最優秀的一面；看場街頭表演、乘船遊威尼斯、拜訪讓人忘憂的水母、尋找巨星身上有紀念價值的配件、欣賞世界級的表演、在鑽石噴泉前許願、搭乘世界最高的摩天輪，這些讓人目不暇給的節目都將在這趟難忘的旅程中實現。

新葡京酒店
（無暇大鑽石、十二生肖馬首、
朱銘太極）

葡京酒店
（航海馬賽克天花）

英皇娛樂酒店
（英國皇家御林軍、黃金大廳、白龍王簽名）

路線 1

澳門半島小資奢華之旅

漫步約 4 小時

永利酒店
（水火音樂噴泉、吉祥樹、水母大廳）

美高梅酒店
（達利作品、植皓禮玻璃、葡萄牙
中央車站大廳）

瑪嘉烈蛋塔（馬統領園）

殷皇子大馬路
南灣大馬路
保羅街上街
新麗華酒店 Ⓗ
約翰四世大馬路
澳京利斯本正大馬路
新葡京酒店 Ⓗ
葡京路
英皇娛樂酒店 Ⓗ
澳門南灣大馬路
Ⓗ 葡京酒店
友誼大馬路
地下道
Ⓗ 永利酒店
城市日大馬路
孫逸仙大馬路
Ⓗ 美高梅酒店

大廳英女皇畫像

英皇娛樂酒店：體驗英倫風情

　　英皇酒店成立於 2006 年，隸屬香港英皇集團，當年開幕時旗下大牌藝人雲集，容祖兒、謝霆鋒、成龍、劉德華、張學友等巨星皆到場觀禮。 英皇酒店最吸睛的焦點為門前二輛仿自 18 世紀的英國馬車，相當能彰顯英國皇室的顯赫氣派。大堂門口的御林軍則特意挑選高壯的外國人，穿上皇家御林軍的黑色高筒帽及紅色制服守在門前，每日都有換崗表演，遊客可和其拍照，是旅遊澳門的拍照熱點。

走進氣派非凡的大門，首先映入眼簾的是一方噴水池，魚嘴吐水潺潺，四個方位都有泰國著名白龍王親筆簽名加持。水池前方有二幅巨型畫作，其中英國女皇以高貴典雅之姿吸引不少人的目光，鮮少有人注意自己腳下正踏著黃金。

　　英皇酒店「黃金大廳」，樓板崁入 78 塊瑞士認證 999.9 純金，每塊重達 1 公斤皆有獨立編號，1 公斤約等於 266.667 台錢，而以 2013 年 9 月金飾牌價，每台錢約台幣 4886 計算，每塊黃金價格高達 130.29 萬，78 塊鋪在地面的黃金價格高達 1 億 1 千 6 百多萬，堪稱貴氣逼人。

皇家衛兵

英國皇家御馬車

英皇酒店一樓外觀

黃金磚地板

白龍王簽名柱子

推薦景點
★白龍王簽名
★皇家衛兵
★皇家馬車
★78塊重達1公斤金磚鋪成的「黃金大廳」

新葡京酒店

新葡京酒店：澳門島最摩登

　　成立於 2007 年的新葡京酒店，一直以其大膽的建築外觀讓人驚艷，它和美高梅金殿同屬一個老闆為賭王何鴻燊。新葡京酒店外型猶如一把高舉的火炬，風水上意為化解對面永利酒店的財氣，裙樓造型為一朵盛開的蓮花，花瓣向四方散射，風水上也有代表的意義。酒店一樓有一顆巨型彩蛋（意為酒店會孵蛋），賭場樓面以金錢投影（意為金錢罩頂）；建築外觀的盛開蓮花本身是一座由 120 萬顆 LED 燈組成的萬象球，夜晚會呈現出千變萬化的璀璨光影，氣勢磅礡。

新葡京酒店外觀LED萬象球

新葡京頂樓圓頂為天巢餐廳

水晶吊燈中庭

新葡京酒店大廳

　　酒店大堂有身價非凡的展品可自由參觀，包括一個施華洛世奇水晶製成的蓮花瓶、二座朱銘太極雕塑、雕刻繁複的象牙雕刻（孫悟空）、金漆龍船、玉石五指山及琳瑯滿目的珍貴藝品，而其中最引人注目的莫過於一顆重達 218.08 克拉，D Color 完美無瑕的大鑽石，及另一顆幾乎同樣大小的藍寶石，近在咫尺伸手可及。另一個新聞話題莫過於老闆標得當初圓明園中的馬首，準備送給中國政府的禮物，也在大堂展出。

　　酒店一樓酒吧每天 14:00 ～ 02:00 有免費巴黎瘋狂艷舞秀，看正宗艷舞秀不必飛到歐洲。新葡京頂樓造型特殊，也許你會好奇可以到圓頂參觀嗎？其實這裡是澳門米其林三星「天巢餐廳」所在地，午餐有套餐優惠。

朱銘太極作品　　　　　　圓明園十二生肖馬首

金漆龍船　　　　　　　　　　　　19世紀法國音樂鐘

8餐廳內部漆畫

推薦景點

★朱銘太極雕刻
★120萬顆LED萬象球
★218克拉鑽石
★十二獸首之馬首
★巴黎瘋狂艷舞團
★二樓日夜～粥麵區「一根麵」(長十多呎的功夫麵)
★頂樓圓頂米其林三星法國菜「天巢餐廳」
★二樓澳門唯一米其林三星中餐廳「8餐廳」

新葡京粥麵莊傳說中的一根麵

新葡京粥麵莊的倒茶表演

葡京酒店外觀是鳥籠造型

葡京酒店：澳門最老牌

　　成立於 1970 年的葡京酒店，無疑是早期最知名的娛樂場，雖然隨著時光流逝，褪去了原有的絕世風華，不過在澳門娛樂史上仍佔有崇高的地位。葡京酒店外觀為葡萄牙風格的筒狀外型，一直被比喻為大型鳥籠，風水上有令進場客人成為籠中鳥的涵意。鳥籠上面各式珍珠裝飾，則有大珠小珠落玉盤的喻意，籠邊的大刀也意謂著將進場的賭客砍得片甲不留。

　　歷史悠久的葡京酒店本身就是一座藝術品，馬賽克瓷磚彰顯屬於她的華貴，酒店一樓蒐藏多項珍奇古玩，走廊四周也擺上各式古董精品，讓人彷彿走進一座博物館。酒店大堂用馬賽克拼貼故事壁畫，天頂壁畫描述一艘葡萄牙船隻遇風雨的故事，也有風水的涵意在裡面。

1 3
2 4
　5

1.葡京酒店大廳門口的葡式天花
2.葡京酒店大廳航海故事天花
3.葡京酒店大廳入口
4.霓虹閃爍的葡京酒店
5.白天的葡京娛樂場

永利萬利大堂水母大廳

永利酒店：豪華貴氣，水母大廳

　　永利酒店被喻為全澳門最豪華的酒店之一，引進拉斯維加斯永利的各項經典設施，從門口開始就讓人讚嘆不已，華麗的水舞排場，每隔 15 分鐘表演水火同源的浪漫舞姿，大堂右側停放 8 台勞斯萊斯幻影私家車，獨顯尊貴。

　　永利使用華麗的暖色系地毯迎接大家，空間四周瀰漫著讓人舒服的香氛，天頂的緋紅色吊燈如同我踏進這家酒店的心情，才剛開始就因為驚嘆而張大嘴巴，這一幕戲劇效果，每位進場的人幾乎都一樣。

精品大道上賓客雲集，吸引遊人往裡頭走進，感
受這一刻虛幻的浮華，精品走廊盡頭有一處吉祥樹
（富貴龍）表演，揉合中國 12 生肖及西方 12 星座，
配合影音及聲光效果，從早上 10 點開始每 30 分鐘
一場，持續到凌晨 12 點。

位於萬利大堂的海月水母水族箱也不容錯過，水
族箱位於一處櫃檯後方，是世界上最大的水母水族
箱之一，裡面近千隻來自日本及台灣的白色海月水
母，在藍色燈光的襯托下，畫面相當優雅美麗，看
著浮沉的水母有心靈上的療癒效果。

推薦景點

★表演湖：水火同源水舞表演，11:00～00:00每15分鐘表演一次
★富貴龍及吉祥樹：10:00～00:00每30分鐘表演一次
★海月水母水族箱：位於萬利大堂

永利表演湖美麗夢幻

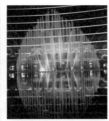

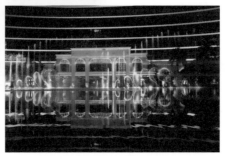

1.2.海月水母水族箱是世
界最大水母水族箱之一
3.永利吉祥樹表演大廳
4.永利酒店側廊

白天的天幕廣場

美高梅酒店：葡國花園大廳

　　美高梅外觀宛如南中國海般的玻璃帷幕波浪造型，是澳門地平線上最引人注目的地標之一，酒店外頭盤據一頭金色雄獅，是美高梅酒店最大地標。美高梅亮點從其酒店大堂開始，一切驚嘆都將在這個空間裡獲得滿足。首先是一座達利作品「舞者」雕塑，達利被喻為 20 世紀超現實藝術大師，他出生於西班牙，而他的作品就被擺在酒店大堂，遊人可以輕易和大師級作品近距離接觸。 他的另一件作品「愛麗絲夢遊仙境」也同樣被收藏在酒店裡。

位於大廳的達利作品「舞者」　美高梅酒店中庭水族箱

整座酒店最大亮點莫過於位在酒店大堂後方的天幕廣場，這座廣場仿自葡萄牙首都里斯本，一座建於19世紀末期，有著濃濃曼努埃爾式風格的獨特建築；中央車站，將整個建築造景搬到室內，室內微風徐徐，花香處處，四周設有餐廳及咖啡店，相當具有異國風情，遊人逛累了可以在公園椅子小憩喝杯咖啡，浪漫指數破表。天幕廣場常有不同的展覽，像是「蝶舞翻篇」、「光影水世界」等。

「舞者」上方的紅色玻璃藝術品「天空中的伊甸園花圃」（Fiori di Paradiso Ceiling），是美國著名玻璃大師植皓禮（Dale Chihuly）的作品，櫃檯後方玻璃彩繪畫作，也同樣是植皓禮的作品，藝術品的構成元素，將美高梅妝點的相當高雅。大堂左側的彩色光廊，以不斷變幻的彩光吸引遊人駐足，長廊裡各項植皓禮玻璃藝術品，總讓人流連忘返，亞洲首座植皓禮藝術館就設在美高梅酒店裡。

推 薦景點

★天幕廣場（葡萄牙中央車站）
★達利作品
★植皓禮玻璃
★中庭水族箱
★甜點BAR吃甜點

植皓禮玻璃作品

甜點BAR

植皓禮作品展示區

天幕廣場仿葡萄牙中央車站

銀河酒店
（招財水晶、孔雀大廳、天浪淘園、
時尚匯購物中心）

威尼斯人酒店
（大運河購物中心、貢多拉船）

澳門百老匯
（百老匯大街、百老匯奇幻秀）

路線 2

路氹城區金光大道浪漫之旅

漫步約 10 小時

澳門巴黎人
（巴黎鐵塔、凡登廣場）

金沙城中心
（禦桃源、星光之橋、
西遊記大型秀）

運動場道

望德聖母灣大馬路

偉龍馬路

澳門國際機場

摩珀斯酒店

銀河酒店
威尼斯人度假村酒店
新濠天地
永利皇宮

新城大馬路

澳門百老匯
澳門四季酒店
金沙城中心

蓮花海濱大馬路

澳門巴黎人
美獅美高梅
上葡京

路氹連貫公路

路氹大馬路

新濠影滙
梁安琪主題
公園酒店

N
W ─ E
S

蓮花路
蓮花路

銀河酒店：暢遊孔雀皇朝

　　澳門銀河成立於 2011 年 5 月，由氹仔往澳門島，很難不被其富麗堂皇的皇宮造型給吸引。銀河酒店外觀以代表皇室的金色系妝點，耀眼奪目，位於酒店大堂的「運財銀鑽」、巴士大堂的「如意晶彩」、入夜後建築外觀燈光匯演「影舞銀光」，以及使用 24K 黃金打造而成的「黃金穹頂」，再再顯示出銀河酒店的磅礡大器。

　　除了銀河，尚有日系大倉及悅榕庄酒店進駐，再加上全亞洲最大的戶外海灘造浪池天浪淘園、UA 銀河電影院，將整座銀河酒店點綴得熠熠生輝。購物大道東徒步區有很多餐廳進駐，其中包括亞洲首家麥卡倫威士忌吧，珍藏名貴威士忌酒多達 360 款；群芳國際美食自助餐廳幾乎是天天爆滿，據說沒有提前訂位根本訂不到位置；在這裡也可以發現目前在北京超夯的人氣台菜餐廳「鹿港小鎮」。

來澳門記得多利用免費接駁公車,銀河酒店是通往各地免費公車的集散地,大約每 15 分鐘一班。免費公車可以通往港澳碼頭、關閘、蓮花口岸、新馬路、機場、氹仔客運碼頭及舊城區等旅遊主要地區,相當方便。其實從威尼斯人酒店走路到銀河酒店也不出 10 分鐘,因為有冷氣巴士接駁,許多人還是選擇搭乘巴士。

1.購物大街常有應景的表演
2.購物大街異國舞表演
3.總是客滿的群芳國際美食自助餐廳
4.時尚匯購物中心

1 3
2 4

天浪淘園：世界最大的人工白沙海灘

　　天浪淘園位於銀河酒店二樓，只開放給住宿於
銀河、大倉、悅榕庄、JW 萬豪、澳門百老匯、麗
池卡爾頓等酒店的住戶使用，將整座熱帶海灘搬
到酒店的空中花園，海市蜃樓的最佳代表。天浪
淘園佔地逾 5 萬平方公尺，由 350 噸細沙鋪成長
達 150 公尺的美麗沙灘，沙灘旁廣植棕櫚及各式
各樣的熱帶植物，讓人彷彿置身於熱帶島嶼中，
水池能製造出 1.5 公尺的人工巨浪，設有溫水游
泳池，讓喜歡玩水的朋友樂不思蜀。

　　各式各樣的活動輪番上陣，沙灘排球、瑜珈、
健身、泡泡派，小朋友喜歡的活動也不缺，另一
側悅榕庄 SPA 館，可以體驗各式各樣的水療服務。

全球最長的空中激流及透明水道

天浪淘園(銀河酒店提供)

天浪淘園
地點：銀河酒店二樓（住戶專屬）
時間：08:00～22:00（冬季部分設施會關閉）

1 2 4
3

1.巴士大廳如意晶彩
2.孔雀大廳造景
3.財運銀鑽表演時鑽石會騰空出現
4.黃金穹頂及戶外影舞銀光表演

如意晶彩

如意晶彩由 9 組色彩炫麗的巨型水晶組成，水晶會隨著時間變幻不同顏色，這些水晶彷彿和你心有靈犀，在你靠近揮舞雙手時，會隨著 9 款不同的樂曲變幻顏色。

運財銀鑽

大堂中庭是一座以孔雀為意象的大型噴水池，水池上方以華麗水晶吊燈崁頂，四周透明水晶會隨著燈光幻化成各種顏色及氛圍，風水上這座水池據說有增強財運的功能，每隔一小時會有高達 3 米的晶鑽在水幕中央緩緩旋轉。如果幸運還能遇見異國風味大巡遊、孔雀舞、泰國木偶等表演團體在中庭廣場及購物長廊表演。

黃金穹頂

銀河酒店的六座穹頂是由 24K 黃金打造而成，二座高達 24 公尺，四座高達 15 公尺，據說將這些黃金攤開來可以鋪成 87 座足球場，金光閃閃的穹頂襯托出酒店的恢宏氣勢。

影舞銀光

華燈初上，整座銀河酒店的穹頂會開始有雷射燈光表演，將氹仔島的夜空襯托的更璀璨華麗。

如意晶彩	運財銀鑽	影舞銀光
地點：巴士大堂	地點：酒店大堂	地點：巴士大堂外面
時間：24小時	時間：10:00~24:00	時間：19:15~22:45

澳門百老匯大街：匯集四方小吃的露天徒步大街

　　澳門夜晚又多了好去處，澳門百老匯緊鄰銀河酒店，用一座電動空調扶梯走道相通，是澳門第一處匯集知名人氣小吃及餐廳的人造街道。白天是條露天美食街，到了夜晚則變身為各種街頭表演輪番上陣的人氣夜市。這裡也有座綜合表演廳、收費演唱會及大型演出，讓人目不暇給。

　　澳門百老匯常態的秀首推百老匯奇幻秀，結合歌唱、舞蹈、特技、魔術及換裝秀等，大堆頭的表演讓人驚喜連連。百老匯奇幻秀每日下午4點開演（周二休演），選在這個時段似乎有意讓遊客在欣賞完表演後，繼續留在百老匯大街吃小吃。

百老匯大街攤車

1
2

1.2.百老匯奇幻秀（官網提供）

　　澳門小吃及亞洲知名餐廳人人愛，不過要全蒐集到這些名店小吃不是易事，神奇的是，澳門百老匯大街聚集了成記粥品、杏香園、榮記荳腐、梓記牛雜、義順牛奶、米其林一星推薦廣東李家菜、香港米其林一星添好運及翠華餐廳，上海排隊美食南翔小籠包及台灣知名度小月等當紅小吃店共匯聚四十多家餐廳美食，可說是讓人不虛此行。

　　每逢星期五、六下午 5 點到晚上 10 點，這裡還有創意市集，聚集澳門當地手工創作品，包括家庭食品等小攤，可以發現意外的驚喜，餐廳一般中午就營業，街頭表演等活動約晚間 7 時開始一直到晚上 10 點半。

百老匯奇幻秀
結合舞蹈及魔術的大型表演
地點：百老匯舞台
時間：每日下午16:00
票價：MOP150元起

澳門百老匯奇幻秀官網

1.威尼斯人酒店瑰麗堂皇
2.3.威尼斯人酒店外觀

威尼斯人酒店：坐貢多拉船遊威尼斯運河

　　澳門威尼斯人度假酒店為亞洲最大的單幢式酒店，亦為全球第二大的建築物，光室內面積就有將近四個中正紀念堂那麼大，是每位來到澳門的旅人必定朝聖的地點。

　　酒店提供 3 千間房間亦為澳門最大，這麼多房間、這麼大的來客流量，需要多龐大的服務系統才可以做到有條不紊？單就協助客人下行李這部份就令我讚賞不已！一般來訪客人會在酒店東大堂下巴士並於此 Check In，Check In 後行李員將行李送到房間，前後花不到 10 分鐘，效率之高讓我不得不佩服！我之所以佩服是因為威尼斯人酒店如此大，我算過從東大堂走到自己房間（一路上不被眼前四周的各種景象迷惑）也要花將近 30 分鐘的時間。

　　每件行李都有條碼列管，不論要求何時取行李、行李下到何處，一切使命必達，東大堂右側有一個行李寄存處，據說裡面常態進出的行李，都保持在 1 萬件左右。威尼斯人的房間管理做的極好，不管房間弄得多亂，只要你一離開房間再回來，一切都好像船過水無痕一般。威尼斯人酒店貝麗套房面積將近 21 坪，維雅套房足足有 50 多坪，套房備有二間分離廁所、客廳、餐廳、小廚房、主臥、化妝間及大浴室，宛如一個小家庭。

　　最吸睛的焦點莫過於大運河購物中心，將整座威尼斯街景原汁原味搬進室內，漫步於聖馬可廣場石板路上，乘坐義大利原裝進口的鳳尾船，悠閒欣賞水鄉二旁街景，船夫會為你高歌一首熱那亞歌曲，街道二旁聚集了超過 330 家國際名店，包括足球迷喜愛的曼聯旗艦店（三樓 867 號舖），提供了多種互動遊戲及購物送合成照片、仕女喜愛的維多利亞祕密（聖馬可廣場旁）、大利來豬扒堡（美食廣場 2505 號舖）及安德魯餅店（三樓 870 號舖）。

乘坐貢多拉船遊運河

酒店大堂

聖馬可廣場

推薦景點

★大運河購物中心
★瑰麗堂
★貢多拉
★聖馬可廣場

1.巴西森巴舞表演
2.聖馬可廣場上的特技表演
3.街頭表演者
4.維多利亞的祕密
5.曼聯旗艦店
6.曼聯球員簽名球

1 2 3
4 5 6

金沙城中心是由三家不同飯店組成的度假中心

金沙城中心：走進都市叢林，拜訪星光之橋

　　路氹區勘稱是世界上地景地貌變化最快的島嶼，如果大家有印象新濠天地及銀河酒店才剛加入營運，隸屬於金沙集團的金沙城中心也在 2012 年開幕，澳門巴黎人、永利皇宮、上葡京、凡賽斯酒店、路易十三等豪華酒店正如火如荼展開建設，未來路氹區的天際線將更霓虹璀璨。

　　金沙城中心整體設計概念以熱帶叢林風格為主，比較令人印象深刻的是全樓層採用天井鏤空的設計概念，將自然光線引入，室內種植棕櫚、芭蕉等常綠植物，瀑布從屋頂傾洩而下，整個空間顯得朝氣蓬勃。

　　金沙城中心擁有 3 間國際知名酒店康萊德、喜來登、假日酒店，提供近 6 千個床位，每家飯店的設計風格迥異，但都以溫暖的木質調為主。走進金沙城中心很容易讓人誤以為走進都市叢林，相較於威尼斯人的大運河購物廣場、銀河酒店的孔雀許願池、新濠天地的水舞間表演，金沙城中心較著重在軟性訴求，像是引進夢工場卡通人物和房客同歡。整座娛樂城內最吸睛

金沙城中心內部採用樓層鏤空的叢林式設計　　財神為知名雕刻家孫家彬作品　　可以在星光之橋找尋自己喜愛的明星

的地景，除了排字水泉外就屬「禦桃源」，這是一處遍植草花植物的廣場，廣場中央有一座青銅打造的巨型財神雕像，這座雕像的創作者大有來歷，是中國著名雕塑家孫家彬，同時他也是北京毛澤東紀念堂那尊毛主席漢白玉紀念像的創作者。

從金沙城中心可以透過「星光之橋」前往百利宮、四季酒店及威尼斯人度假村，沿途有電動扶梯可以輔助行走，在長走道上行走不無聊，這裡匯聚了許多明星的照片、手印及簽名等，像是舒淇、任賢齊、吳宗憲、草蜢、古天樂、黃品源、鄭伊健等巨星，旅人在此的標準動作即是和明星手掌比大小。

進賭場講究風水及運氣，想讓自己增添賭運別忘了來金沙城中心尋找財神爺，相信好運一定會降臨在你身上。

喜來登酒店大廳　　　　　　　　　　　　　　夜裡的禦桃源景致

西遊記演員謝幕

大型中國秀「西遊記」

金沙城中心於 2017 年開始首推大型的中國秀「西遊記」，耗資 3 億美金打造，是部曾得過獎的奇幻大型室內表演秀。故事內容以大家耳熟能詳的西遊記為主題，描述唐三藏和其三位徒弟從如何收為弟子到前往西天取經中途所遇到的各種奇幻旅程，結合了喜劇元素、大型科技屏幕、快速變化的舞台背景，及大量的演員，滿適合小朋友觀看的。

在中國境內，這類大型秀應該很常見，大部份都是結合室外實境背景，這齣完全在室內演出的大型秀被喻為全球最大型的室內秀。不過這部劇個人覺得比較適合小朋友觀看，它的表演張力及震撼雖不及水舞間，不過由於結合中國民間故事，想要懷舊或是小朋友怕表演劇場太震憾的，可以選擇。

1. 西遊記的LED屏幕會快速變幻　　　1
2. 金沙城劇場入口
3. 金沙城劇場座位　　　　　　　　2　3

中國秀「西遊記」

地點：金沙城劇場
時間：每日晚間20:00（星期四休演）
票價：MOP380元起
表演時間：70分鐘

中國秀西遊記官網

澳門巴黎人酒店外觀

澳門巴黎人酒店：與巴黎鐵塔的浪漫邂逅

　　澳門路氹金光大道上因為有巴黎人酒店的進駐，更顯露出濃濃的歐洲風情，讓遊客在同一時間可看到威尼斯廣場、鐘樓及嘆息橋，不一會兒又看到巴黎鐵塔，讓人大飽眼福，嘆為觀止。

　　澳門巴黎人酒店於 2016 年 9 月開幕，開幕當天更找來了國際巨星蘇菲瑪索及貝克漢代言拍攝形象廣告，一舉打響酒店的品牌。同屬於金沙集團旗下，巴黎人酒店和金沙酒店、四季酒店及澳門威尼斯人酒店間都有空調走道連結，走道間亦有自動步梯及小展覽，並可在空橋走道外走到室外遠眺巴黎人的壯觀景致並合影，不時會有街頭藝人表演，穿梭在各酒店間並不無聊。

澳門巴黎人紅廳的拿破崙加冕大典，第一版原作位於巴黎羅浮宮

巴黎人酒店大廳

甫一進入巴黎人酒店大堂，歡迎你的是一座挑高五層樓的大廳及一座海神噴泉，海神噴泉每隔一段時間會有燈光表演。左右二側是高貴華麗的紅廳及藍廳，設計藍圖靈感是來自於巴黎凡爾賽宮，分別是賓客入住登記大廳及禮賓部。紅廳裡有一幅大型的畫作「拿破崙的加冕」，是由法國著名畫家達雅克‧路易‧大衛所繪，畫面場景人物眾多，主要描述當時拿破崙加冕的場景。不過這幅畫表達的是拿破崙正拿王冠要為他的妻子加冕，而當時的羅馬教皇正坐在旁邊。不過稍早之前可不是這幅祥和的景像，拿破崙找來教皇觀禮，主要是想藉由教皇的威望來增加自己在百姓間的信任度及認同感。不過加冕時拿破崙拒絕向教皇下跪，當時的場面相當尷尬，畫家為了顧及各方的感受，才以後段拿破崙加冕自己的妻子作主場景，巧妙的構思，讓這幅畫成為法國的傳世名畫。

1 2
3 4

1. 澳門巴黎人大堂紅廳
2. 位於澳門巴黎人大堂左側的藍廳
3. 大堂仿自巴黎拉法葉百貨奧斯曼旗艦店
4. 澳門巴黎人房間內部

1.凡登廣場位於巴黎人購物中心內,主要場景
　仿自巴黎芳登廣場的實景
2.澳門巴黎人凡登廣場燈光秀
3.澳門巴黎人購物大道
4.澳門巴黎人凡登廣場燈光秀

凡登廣場

　　凡登廣場位於巴黎人購物中心內,主要場
景仿自巴黎芳登廣場的實景,中央有一根圓
柱,上頭刻有 1352 個浮雕,用以彰顯法國
路易十四國王及其軍隊的成就,現今的芳登
廣場是巴黎的高級鐘錶及時尚中心。

　　凡登廣場的天花板投影秀是一大特色,找
來曾參與製作過雪梨歌劇院、北京夏季奧運
會及上海世界博覽會的投影藝術項目的團隊
製作。投影秀表演時,廣場將會絢麗奪目,
宛如一件精美的藝術品。

巴黎鐵塔

　　巴黎鐵塔入口在酒店 5 樓，一間專賣巴黎風格的紀念品商店內，入場需門票（搭配訂房及餐廳有免費套票）。這座巴黎鐵塔是法國巴黎鐵塔實物的 1/2，高度約 162 米共 38 層樓高，抵達高層電梯前會先經過一座空橋長廊，長廊上布滿愛情鎖，見證每一段愛情故事；電梯是座透明電梯，隨著高度的攀升，整座巴黎人的宏偉建築會被你踩在腳下，另外在頂層可以居高臨下觀賞路氹金光大道的美景。

　　巴黎鐵塔每天下午 18:15 開始會有燈光秀，在燈光的照射下，璀璨奪目，不過如果站在鐵塔底下反而看不到全貌，最佳的觀賞地點是在連接各酒店的空橋戶外陽台。

近看巴黎鐵塔

巴黎鐵塔
時間：每天11:00～23:00（視天氣情況而定）。最晚入場時間22:30
票價：成人MOP100、小童～12歲或以下MOP80，有家庭套票優惠
燈光秀：每天18:15～02:00，每15分鐘一次

巴黎鐵塔 官網

1	2
3	

1.由巴黎鐵塔37層往外看，可以看到整個金光大道的景色
2.巴黎鐵塔紀念品
3.前往巴黎鐵塔的空橋

永利皇宮
（纜車、尋寶之旅）

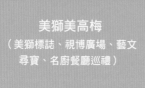

美獅美高梅
（美獅標誌、視博廣場、藝文
尋寶、名廚餐廳巡禮）

路線 **3**

路氹城區金光大道
藝文時尚之旅

漫步約 10 小時

新濠天地
（水舞間表演、摩珀斯酒店巡禮）

新濠影滙
（蝙蝠俠 4D、8 字摩天輪）

澳門國際機場

摩珀斯酒店
銀河酒店
威尼斯人度假村酒店
新濠天地
永利皇宮
澳門百老匯
澳門四季酒店
金沙城中心
美獅美高梅
上葡京
澳門巴黎人
新濠影滙
梁安琪主題公園酒店

位於接待大廳的1750年古代木漆屏風

永利皇宮：搭乘纜車欣賞水舞，感受皇室氣息

　　路氹金光大道新酒店每家都在比排場、比噱頭，其目的就為了吸引遊客的注意進而到此一遊，而永利皇宮就是以奢華的排場、藝術珍寶、裝置藝術、大型表演湖及空中纜車等眾多項目吸引人的目光。

　　永利皇宮的入口並不是表演湖正面，總讓人有深不可測的感覺，不過如果你掌握四邊的方向，有個概念，那麼逛起來會比較得心應手。遊覽永利皇宮最佳方法當然是搭乘透明空中纜車進入，表演湖及纜車入口為酒店西入口，酒店2樓纜車下客處為南入口，酒店南、北各有一處酒店住房登記處及貴賓廳，二邊都有花藝設計師普雷斯頓・貝里（Preston Bailey）所設計的大型花藝裝置藝術。串連南、北入口的則是南名店街及北名店街，沿著南、北名店街往東名店街口則可以看到藝術家傑夫・昆斯（Jeff Koons）創作的大型鬱金香雕塑。而永利皇宮珍藏的藝術瑰寶則散落在南、北入口，及西名店街、永利宮與咖啡苑這二個廳，到訪的朋友不妨依地圖展開尋寶之旅。

永利皇宮纜車　　　　　搭乗纜車可近距離觀賞水舞　　　　　纜車有空調及音樂

表演湖及空中纜車

全球永利系列酒店皆是以一池表演湖迎接賓客，唯獨永利皇宮在表演湖四周還設有 6 人座的空調纜車，搭乗時可邊聽音樂及介紹。纜車緩升時最高可達 28 公尺高，最低感覺快貼近水面，可以近距離觀賞水舞表演，並遠眺對面被號稱為彩色珠寶盒的美高梅酒店，據頭十足。

表演湖及空中纜車

永利皇宮表演湖佔地約 8 英畝，從上午 12:00 至凌晨 12:00，每 30 分鐘表演一支歌曲，歌曲幾乎沒有重覆。夜幕低垂時，超過 2114 盞的 LED 燈泡會伴隨著歌曲明滅，創造一種如夢似幻的感覺。而在永利皇宮部份餐廳座位及面湖酒店客房，可以居高臨下獨享這湖的美景，備極尊榮。

纜車運行時間：每日10:00至凌晨24:00（去程免費搭乗，回程需收費，政策時有變動）
表演湖表演時間：每日12:00至凌晨24:00

1.2.設計師普雷斯頓‧貝里花藝作品
3.美國現代藝術大師傑夫‧昆斯（Jeff Koons）
　的大型鬱金香雕塑
4.永利皇宮內的星巴克咖啡

1 2 3
4

花藝裝置藝術

從永利皇宮四周設置的裝置藝術及古董看來，就知道永利幕後老闆肯定是位藝術品愛好者，於永利皇宮南、北入口處皆有大型的花藝裝置藝術，之前有旋轉木馬及摩天輪，後來換成風車及熱氣球，這二處的裝置藝術應該會不定期換展。由好萊塢名人御用婚禮設計師普雷斯頓‧貝里（Preston Bailey）所設計，他也是 CoCo 李玟結婚時的婚禮顧問。

藝術瑰寶

永利皇宮珍藏的藝術古董品約有 14 件，散落在酒店一樓的四周，酒店並沒有明確的藏寶地圖，似乎想讓來往的賓客有尋寶的感覺。它們分別是雙耳瓶、古代木漆屏風、觀見皇帝（掛毯）、巴克勒公爵花瓶、中國花園（掛毯）、灰姑娘的高跟鞋、龍環鏡集、偽古董系列、偽高跟鞋 CHANNEL X、菠蘿豐收（掛毯）、虛市（掛毯）、路易十五翠綠掛毯及古代木漆掛屏等構成，讓藝術及古董融入酒店大廳，增添人文及藝術氣息。

鬱金香，酒店東入口有美國現代藝術大師傑夫‧昆斯（Jeff Koons）的大型鬱金香雕塑，看似輕盈，實則重達 3 噸。他的作品通常線條非常簡單，可能是氣球狗造型或是氣球兔造型，以高鉻不鏽鋼鍍以各種色彩的塗層。他的作品被美國舊金山、紐約及中國北京的當代和現代藝術博物館收藏，目前台灣藝廊也有引進他的雕塑作品，在台北也可以欣賞到。

古代木漆屏風，位於南入口的酒店接待處，這幅屏風約為 1750 年的作品，當時中國漆藝藝術品被歐洲人所喜愛，這為當時出口的作品之一，內容描繪了異域皇宮的生活情形及花園池舟等景象。

巴克勒公爵花瓶，位於西名店街上，這四座花瓶的原來主人為巴克勒公爵夫人伊麗莎白所珍藏，永利老闆當時在倫敦嘉士得以 1270 萬美元拍得。這組花瓶約完成於清朝嘉慶年間，這種造型在當時極其罕見，又保存的如此完整更是稀有。每個瓷瓶約高 1.2 公尺，上頭有佛教和道教圖案，底座是法式的銅鍍金高台，當今世上只有另一件作品可與這件媲美，它們位於倫敦的白金漢宮，為女王的珍藏。

1
2
3

1. 位於接待大廳的1750年古代木漆屏風
2. 巴克勒公爵花瓶，位於西名店街上
3. 偽高跟鞋CHANNEL X是不鏽鋼雕塑家廖一百的作品

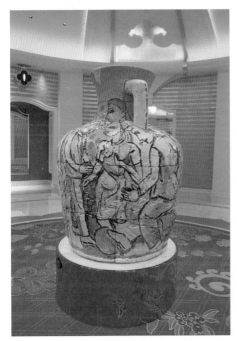

雙耳瓶是美國已故現代陶藝家維奧拉·弗雷的作品

雙耳瓶，是美國已故現代陶藝家維奧拉·弗雷的作品，她長期居住在舊金山灣區，在舊金山的藝術博物館裡常見她的作品。作品風格以大型人像雕塑為主，色彩多艷麗繽紛，不過在用色上有其獨特的序列，因此辨識度極高，同時她也喜歡在雙耳瓶身上作畫，永利的作品是她的系列作品之一。

偽高跟鞋 CHANNEL X，這件作品是中國著名不鏽鋼雕塑家廖一百的作品，他的作品通常以黑色幽默著稱，像這件作品主要在描述人們對名牌的崇拜及迷戀，並藉由仿品氾濫，表達「真」與「偽」所帶給人們的思考。

美獅美高梅外觀像珠寶盒

美獅美高梅：賦有文藝氣息的豪奢酒店

　　美獅美高梅位於澳門路氹區，比鄰永利皇宮及新濠天地，選在 2018 年農曆新年期間開幕，同時推出各種重磅活動，甫一開幕就造成一房難求。

　　酒店外型採金、銀、玫瑰金三種顏色的珠寶盒設計，酒店內珍藏超過三百件藝術品及古董，讓來訪賓客猶如走進一座大型的現代博物館。此外，讓人耳目一新的視博廣場、亞洲首座大型的互動式劇院，感受到世界一流的頂尖科技；名廚的進駐也創造不少話題，各種體驗總令人驚嘆連連。

視博廣場 X 全球最大室內 LED 屏幕

　　視博廣場是酒店最寬廣明亮之處,做為餐廳所在地及連接各個大堂的穿堂功能,這個空間最令人耳目一新的莫過於頭頂上的高科技 LED 天幕,號稱全球最大的室內永久 LED 天幕。圍繞整座大型天幕有 25 座小螢屏,屏幕會根據不同季節及主題播放不同內容的影片,像是風景名勝、風俗節慶、動物星球及宇宙穹宇等,搭配氣勢磅礡的配樂,讓整個廣場顯得相當活潑有朝氣,夜晚會有讓人迷醉的光影變化。

視博廣場4K電視牆

亞洲首座動感劇院,可容納 2,000名觀眾,搭配4K超高清顯示屏(官網提供)

JANICE WONG MGM（黃慧嫻）的甜點店

世界最高7.3米的巧克力噴泉

位於視博廣場，承襲美高梅甜品的意象，美獅美高梅更引進 JANICE WONG MGM（黃慧嫻）的甜點店，可說是最吸睛的景點之一。這家甜品店的主廚大有來頭，曾榮獲亞洲五十強「亞洲最佳甜品師」，亦是連 3 年世界名廚峰會的最佳甜點師。

在餐廳外頭的露天雅座，可以欣賞最壯麗的視博廣場。另外一座高達 7.3 公尺的巧克力噴泉，源源不絕的送上各色巧克力醬，這座噴泉據說是世界最大型的一座。

300 件藝術珍品

美高梅系列酒店一直讓人覺得賦有藝術氣息，美獅美高梅更是集所有藝術之大成，囊括中國、澳門、台灣等當代藝術家作品，內容涵蓋畫作、雕塑、裝置藝術、書法、漆藝等，其中主席典藏等 25 件作品也頗受矚目。這系列的作品是由策展人許劍龍先生所主導，精挑當代藝術大師的傑作，而這些藝術家均是全球知名的華人藝術家，寓意「以藝術連繫世界」，尚有來自北京紫禁城、新疆及內蒙古等皇家使用過的古董地毯，每件都價值連城。

由於室內展品眾多，部份展品旁都會有互動 QR Code，只要用手機掃描，就會有內容介紹，相當新穎，寓教於樂。

美藝大堂 X 皇家地毯

　　美藝大堂最受矚目的當屬現場展示的 27 件來自中國寧夏、新疆、內蒙古及北京等皇家造辦處的地毯。這些地毯都屬中國歷代皇家所使用，經過時代更迭皆已流落到海外，透過文物回流的思維，再重新拍得並置放於此，顯得格外有意義。

　　這些地毯由於皆是皇家造辦，因此每件都美崙美奐，材質多為棉質，並織入絲綢及鍍銅線。其中原屬於北京皇家造辦局的「九龍吉祥八寶」，原來是置放在紫禁城的中和殿；「龍與葉」、「觀音」為景仁宮御用，而「黃金宮殿」則為慈寧宮備用，每件都是家世顯赫，值得參觀。

1　　　　1.2.3.美藝大廳地毯　　　　　　　　酒店內隨處可見的獅子裝置藝術
2 3

劉丹Ｘ西風殘照漢家陵闕

　　劉丹是知名的中國水墨畫家，其作品屢獲世界各地博物館收藏，包括：英國大英博物館、法國吉美博物館及美國哈佛大學賽科勒美術館等。西風殘照漢家陵闕這幅水墨畫位於美藝大堂，劉丹的作品跳脫中國水墨的創作思維，但又維持傳統該有的比例。他的創作常以石頭為載體，因為他認為石頭可成為時空的載體，因此作品常呈現出一種既熟悉又空靈的獨特意境。

劉丹的西風殘照漢家陵闕水墨畫

蕭勤的光之躍動大型畫作

蕭勤Ｘ光之躍動

　　蕭勤被喻為 20 世紀「現代中國抽象藝術的先驅」，他的作品通常由鮮豔的色彩及幾何、圓型等圖騰組成，此外還融合了儒家思想、佛教和道教的理論，結合了中國草書的節奏感，獨特的抽象世界，是中國現代抽象藝術的代表。

　　位於酒店大堂的這幅光之躍動，為蕭勤創作中最大型的一幅，他受到《道德經》啟發，融合禪宗及莊子的思想。以直線和曲線，分別象徵精神及物質世界；圓圈及矩形代表天空與地球。簡單並喻意深遠的大型創作。

薛松 X 澳門八景系列

薛松的藝術創作較為人熟知的是燃燒及拚貼的技法，其源由是 1990 年時他的工作室遭受祝融之災，啟發他將燃燒過的灰燼當作創作的材料，喻意破壞而後重生。

位於蜀道附近的這件澳門八景作品，景點包括：西望洋聖母堂、觀音像、澳門旅遊塔、媽祖閣、東望洋炮台、大三巴牌坊、美獅美高梅等，藝術家融合自己的參觀經驗，並找來澳門當地的報紙、雜誌等印刷刊物，製作成具標誌性的灰燼，創造出這幅有豐富澳門成份及故事的作品。

洪易 X 廣西遊記及單峰駱駝

洪易是台灣知名的雕塑家之一，其作品造型通常以各種奇異的動物為主，結合台灣意象及繽紛的色彩圖騰，配合生肖及各種主題故事，創造出一件件讓人過目難忘的作品。其作品曾到美國舊金山、紐約、日本等世界各地展出，皆以大型的地景創作為主。

位於金獅大堂的創作「廣西遊記」，是洪易結合中國文學作品西遊記，透過自己的想像將西遊記裡的唐三藏及徒弟、白馬等重新詮釋，採用他獨特的創作技術及五彩斑爛的圖騰，活潑可愛的造型，將傳統題材做了最好的演釋。

1
2 3

1.薛松作品澳門八景系列
2.洪易作品單峰駱駝
3.位於視博廣場，中國著名跨界藝術家王開方創作的大型空間雕塑一團和氣

網上探索美獅美高梅
的藝術品

新濠天地入口的白龍王

新濠天地：欣賞水舞間、參觀摩珀斯酒店

　　新濠天地位於氹仔區威尼斯人酒店對面，是集澳門君悅酒店、頤居酒店、迎尚酒店及摩珀斯等多家酒店及水療中心為一處的綜合度假區。

　　媲美美國賭城「Ｏ」秀的「水舞間」也在此長期匯演，是每位到澳門不容錯過的人氣表演；另一家人氣夜店「嬌比」（CUBIC）也是澳門著名夜店，設有酒吧、舞台及雷射舞池，每逢周末假日還有國際知名DJ及歌手駐場演出，喜歡夜生活的你肯定不能錯過。

「嬌比」（CUBIC）夜店
時間：星期一至日22:00～06:00
備註：澳門最大型的夜店，周末常有
知名DJ及歌手駐站

水舞間表演

　　全球流量最大的旅遊網站 Trip Adviser，以中立及公正立場讓參與過旅行的朋友上網投票，澳門目前最受歡迎旅遊節目第一名正是水舞間。澳門新濠天地「水舞間」，2010 年 9 月開演，讓當時紅極一時位於威尼斯人酒店的太陽劇團表演「薩雅」相形失色，不久後下台一鞠躬。

　　水舞間究竟有何魅力，可以在短時間內擄獲無數觀眾的心？其實說穿了就是由一連串的驚人數字所組成。水舞間籌劃時間耗時 5 年，光是表演人員彩排就花了 2 年的時間，總投資超過 2 億 5 千萬美元，動用約 7 百名工作人員才能成就此一壯觀的水上演出。

　　水舞間最讓人目瞪口呆的莫過於變幻莫測的舞台，整座舞台可以在瞬間由陸地變為汪洋一片，演員時而在空中、時而在水面、時而從水底浮出來。除了舞台上看得到的演員，水底下有 32 名專業潛水師隨時觀察現場狀況，因為演員從空中躍入水底時，會搞不清楚方向，因此還

整齣戲是力與美的展現

73

要負責在水底打燈幫演員指引方向。這齣劇共動用了 25 個國家的國際人才、80 名國際演員、160 名技術人員，現場共有 258 座舞台噴泉，水深達 26 米，超過 5 座奧林匹克標準泳池的容水量，堪稱全球動用最多資源的一齣表演。除了內容精彩，還加入特技及雜耍表演，演員飛天遁地，行蹤無法掌握，看得讓人大呼過癮。

故事內容描述國王有一對兒女，在皇后死後改娶一位蛇蠍後母，爾後生了一個兒子密謀篡位。一名年輕人在澳門路環海岸碰到大風雨，隨即被巨浪捲入此一奇幻世界，幫助皇后的長女奪回自己的王國。本劇由著名的 Franco Dragone 所編導，他也是巨星 Celine Dion 演唱會的編排者。大導演 Franco Dragone 在謝幕後，會將他的指揮棒送給前排的觀眾朋友，坐前排的朋友千萬要注意。

水舞間景觀好的位置據說要兩個月前上網預訂，寒、暑假及節日一定要提早訂票。水舞間是一座 270 度的環型劇場，舞台在正中央，座位分為 VIP 及 A、B、C 四區，票價以 VIP 區成人票價港幣 1480 元最貴（舞台正前方中段），C 區成人票價港幣 580 元最經濟（有視野角度問題）。每區座位從離舞台最近的 A 排一直到離舞台最遠的 O 排，A 到 D 這四排因為離舞台近，有被水噴濺到的可能，不過也是離演員最近的座位，很多識途老馬的觀眾會自行攜帶雨衣進場。

1.華麗的舞台讓人目不轉睛
2.每場表演都要用盡全力才能保持完美
3.水舞間每場表演對演員來說都是場挑戰
4.演員飛天遁地讓人嘆為觀止

水舞間表演

地點：新濠天地君悅酒店
時間：每天二場，17:00、20:00（會有變動），每星期二、三休館，表演時間為85分鐘，可拍照，但不能用閃光燈及錄影。
官網：http://thehouseofdancingwater.com/tc/

摩珀斯酒店：建築奇蹟

2018 年全新登場，新濠天地旗下的摩珀斯酒店，建築外觀特殊的外露鋼骨，全棟大樓採不規格的曲線設計，看似輕盈的外表，其實有著鋼毅的內在，注定成為全球建築界的矚目焦點，更是建築系學生必定朝聖的地標。

　　這座大樓噱頭十足，是全球首座自由形態外骨骼結構性鋼樑的摩天大樓，其設計師是已故英國知名建築師札哈・哈蒂（Zaha Hadid），她的成就非凡，除了是全球首位普立茲建築獎女性得主，更獲頒英國皇家建築師學會斯特林獎，同時是該學會首位獲得學會金獎的女性。

　　由於其自由型態的設計，所有樑柱及玻璃都需要特別訂製，在各種角度的計算要做到分毫不差，工程之難度舉世首見。矩型的內部空間也營造出一種鏤空的繁複空間感，時尚及未來感交錯，二棟大樓間有空橋連結，旅客可在大樓內部感受建築的宏偉，相信這棟獨特的建築，會成為澳門必訪的景點之一。

推薦景點

★離地130公尺的無邊際泳池（40樓）
★21及23樓的空中天橋餐廳用餐
★搭乘中庭高速觀光電梯，欣賞內部建築

摩珀斯酒店內部造景（官網提供）

摩珀斯酒店位於新濠天地旁（官網提供）

摩珀斯酒店客房

新濠影滙：美式好萊塢電影主題影城

　　新濠影滙於 2015 年 10 月 27 日落成，是澳門第一座以好萊塢電影主題為主軸的多功能綜合娛樂場，設有巨星滙及明星滙等共有 1600 間房間，並和華納兄弟及 DC 娛樂公司合作，酒店內隨處可見超級英雄及漫畫經典人物出現。

　　酒店外牆二棟大樓間有一座高達 130 米亞洲最高的 8 字型摩天輪，並有小朋友最喜歡的飛行模擬設施 4D 蝙蝠俠夜神飛馳、針對小朋友設計的「華納滿 Fun 童樂園」、5000 個位子的綜藝館、夜總會及好萊塢比佛利山購物大道等膾炙人口的新奇設施。

1.酒店大堂
2.好萊塢購物大道
3.華納滿FUN童樂園
4.8字型摩天輪共有17個車廂
5.影滙之星8字型摩天輪在高達130米的大樓間
6.車廂內有一透明懸空景觀窗

1 2 3
4 5 6

　　酒店開幕時請到好萊塢當紅巨星勞勃‧迪尼洛（Robert De Niro）、李奧那多‧迪卡皮歐（Leonardo DiCaprio）、布萊德‧彼得（Brad Pitt）、馬丁‧史柯西斯（Martin Scorsese）站台，並在酒店內拍攝宣傳短片《選角風雲》，該短片在入住酒店時會於電視節目片頭播放，據悉每人片酬約為4億2千5百萬台幣。

影滙之星

　　新濠影滙高達130米，號稱亞洲最高的8字型摩天輪是最大的賣點，17座以復古及科幻為主題的景觀車廂，每座可乘坐十人，轉一圈需費時18分鐘。車廂內有空調及音樂，底部有一透明的景觀窗，讓你居高臨下飽覽澳門及中國橫琴景色，並可以腳踩透明景觀窗，感受腳底懸空的酥麻感覺。

8字型的造型，其實最早的概念來自蝙蝠俠於高譚市打出的蝙蝠信號燈，8和中文「發」近音，也有步步高昇的意涵，也有一說8的二個洞是被兩顆熾熱的行星所撞擊造成。

華納滿Fun童樂園

地點：新濠影滙三樓
時間：10:30～19:00
費用：成人＋小童各HK100（2歲以下免費、8歲以下需成人陪同）

影滙之星

地點：新濠影滙三樓
時間：星期一至五12:00～20:00、星期六日及公眾假期11:00～21:00
費用：成人HK100、12歲以下HK80、60歲以上及澳門居民HK85

蝙蝠俠夜神飛馳

地點：新濠影滙二樓
時間：星期一至五12:00～20:00、星期六日及公眾假期11:00～21:00
費用：成人HK150、12歲以下HK120、60歲以上及澳門居民HK125

蝙蝠俠夜神飛馳

蝙蝠俠夜神飛馳是全球首座以DC漫畫超級英雄蝙蝠俠為主題的4D模擬飛行遊樂設施，故事主要講述蝙蝠俠在高譚市力抗大反派小丑、雙面人及班恩的故事，蝙蝠俠將搭乘蝙蝠機飛上天空，穿梭於高譚市的大樓間，並將壞人繩之以法。

曾到過洛杉磯海洋迪士尼的朋友對這項設施應該不陌生，只是場景不同，模擬飛行時會將人帶到空中，配合大型半球型螢幕，期間可以感受到速度、風吹、熱力、雨水等，沒體驗過的朋友值得一試。

Capítulo III

漫步澳門島

世界遺產 X 文化創意 X 在地人文 X 新鮮刺激

澳門面積不大只約 30 多平方公里，由原來的一處小漁村蛻變成國際化的大城市，4 百多年來在中西文化交流下形成獨特的恆久況味。澳門島是澳門人主要聚集的地區，走入小巷可以見識到澳門人最生活的一面。

澳門舊城區為中國第 31 處世界遺產，整座舊城區多達 25 處歷史建物，擁有目前中國現存最古老的西洋建築群，在歷史城區散步體驗多元文化匯集，也給自己來一趟洗滌心靈的小旅行。

喜歡新鮮刺激的一定要到澳門旅遊塔參加各種極限活動，就算不參加光用看的也會讓人心跳加速，瘋堂區的文青之旅也正悄悄的擄獲旅人的心。

議事亭前地

盧家大屋

仁慈堂
（仁慈堂博物館）

民政總署大樓

玫瑰聖母教堂
（聖物寶庫）

路線4

小城建築之旅

漫步約 4 小時

主教座堂

陸軍俱樂部

八角亭

加思欄花園

大三巴牌坊

大三巴街巷

海邊新街

花王堂街

關前後街

大聲公涼茶

玫瑰聖母教堂

恆友魚蛋　板樟堂街

新馬路

營地大街

潘榮記減蛋餅　盧家大屋

義順燉奶　　　　檸檬車露

黃枝記粥麵　仁慈堂

議事亭前地　　主教座堂

民政總署大樓　　　　　美麗街

　　　　郵政總局　大堂街

ESCADA葡國餐廳

南灣大馬路

加思欄花園

八角亭

陸軍俱樂部

亞美打利庇盧大馬路

N W E S

議事亭前地的葡石波浪

議事亭前地：節慶廣場

　　議事亭前地位於澳門市中心，是商業活動及旅人接觸澳門文化的重要入口。這裡最吸睛的莫過於呈現漏斗型的葡石浪紋廣場，再來就是兩旁色彩繽紛的歷史建物。廣場上黑白相間呈現波浪花紋的碎石，給人帶來強烈的葡國印象，其實原來這裡只是水泥地，澳門政府不惜重資自葡國請來匠師為這裡鋪設碎石，完工後果然讓人眼睛為之一亮。

　　議事亭靠近新馬路有一座噴水池，原址原為葡萄牙軍官美士基打銅像，在澳門歷史上一場規模較大的抗爭「一、二、三事件」被拉倒，原址建了一座噴水池，噴水池是老澳門人的共同回憶，上方有一座天球儀，是葡萄牙人航海遠征的象徵，葡萄牙國徽上頭也有天球儀。

　　議事亭前地四周有很多重要的歷史建物，包括議事亭、仁慈堂、玫瑰堂及郵政總局（設有集郵專櫃，可以買紀念郵票）。這些古典主義風格的建物色彩迥異，為這個原本就律動

的廣場增添更多的活潑與朝氣。從這裡可以一直漫步到另一個知名景點「大三巴」，沿途到處都是餐廳、小攤及商店，讓人目不暇給。

議事亭前地是澳門各大活動的主要場所，每年聖誕節，水池四周總要換上新妝，佈滿各種繽紛亮麗的燈飾及豎起大型聖誕樹，中國新年期間也都妝點的相當有年節氣氛。如果你剛好於節慶時節來到這裡，肯定有個難忘的視覺回憶。

郵政總局
地點：新馬路128號
時間：09:00～18:00
巴士：3、4、6、8A、18A、19、26A、33、N1A

1.議事亭前地及民政總署大樓
2.夜裡的議事亭前地
3.走廊上的書報攤
4.郵政總局

1 3
2 4

民政總署大樓外觀

民政總署大樓：葡風花園

　　議事亭前地過新馬路即是民政總署大樓，以前為市政廳，現在除了還是公家機構外，也被列入世界遺產名錄。民政總署始建於西元 1584 年，因為年久失修及天然災害曾多次整修，建築外觀原為巴洛克式造型，重修過後改建為現在的新古典主義樣式，原來是有屋頂的建築也逐步修建為現今看到的立面。

　　民政總署內部和外觀一樣沒有過多繁複的裝飾，格局主要採三進方式，第一進為大廳，現在是展覽廳及公共空間，設有紀念品販賣部；第二進就是上去有圓頂拱洞的樓梯，目前是行政區及大禮堂所在；第三進則是旅人最常駐足的地點，是座葡式小花園。看似簡單的內部，其實蘊藏著許多稍不注意就會忽略的小角落。

不同時期的民政總署外觀變化

大禮堂內部

民政總署大樓夜景

約翰四世紀念條幅

　　第一進大廳往樓梯拱洞的上方，有一幅半弧型木製的彩帶條幅，上頭刻著葡萄牙文「Cidade do Nome de Deus, não há outra mais leal.」（天主聖名下，無比忠誠之城），這句話的來歷是出自於葡萄牙國王約翰四世，主要是表彰澳門對葡萄牙皇國的忠誠。

莉娜皇后石雕

　　大廳牆上嵌有多幅相當具有紀念價值的浮雕，其中最引人注目的則是，通往葡國小花園樓梯拱洞中央一幅莉娜皇后的石雕像。該石雕中央即是葡萄牙莉娜皇后，皇后上方天使拉著皇后的衣領，下方則是虔誠合十的文武百官，有被擬神化的跡象。該石雕原屬於仁慈堂，西元1833年仁慈堂被拆毀時為了感念皇后的創立，而將此像嵌在目前這個位置。

莉娜皇后石雕

約翰四世紀念條幅在一進大廳的拱門上方

葡式瓷磚

　　民政總署內部另一個吸引人的即是隨處可見的葡萄牙傳統藍色瓷（Azueljo），15 世紀時由西班牙傳入葡萄牙，題材大部份是花鳥走獸等圖案，也有以風景、幾何、建築及宗教歷史人物入畫的，早期由於工資及材料相當高昂，因此只用於王宮貴族及教堂等宗教場合，普及後由藝術家創作才開始用在公共空間，而成為葡萄牙的建築特色。在第三進的小花園一進門有一條側道，這裡有幾幅民政總署建築立面演變的藍色瓷畫，可以一窺民政總署不同時期的各種樣貌。

葡萄牙花園

　　小花園前方中央有一座上方嵌著葡萄牙盾徽的水流泉，還有賈梅士及狄若翰的雕像。賈梅士約四百多年前來到澳門，曾在澳門白鴿巢公園完成葡萄牙著名史詩《葡國魂》，而狄若翰同樣是位著名的作家及詩人。

　　仔細看花園中央的圓型花圃，其實是被一石溝一分為二的，這條石溝可是大有來歷，象徵《托德西利亞斯線》，《教皇子午線》訂定後，西元 1494 年葡萄牙及西班牙二國於托德西利亞斯召開會議，定下這條《托德西利亞斯線》，劃分二國殖民地的新界線，這條劃分線也讓葡萄牙取得了佔領巴西的認可。

1. 小花園的葡式瓷磚
2. 狄若翰是葡萄牙詩人及文學家
3. 後方的葡萄牙花園
4. 藏在花圃裡的托德西利亞斯線

1
2
3
4

大禮堂

　　大禮堂在沒有正式活動期間開放參觀，位於二進拱門後方小階梯上，從以前至今都是隆重典禮舉辦的場所，裡頭的佈置以深色系為主，相當莊重典雅，會議長桌現在是舉辦公開會議及記者會的場所，右方有一座設立於1940年的小教堂，供奉一尊無染原罪聖母。這尊聖母踩在龍身上，像極了華人印象中的觀世音菩薩，這種做法除了東西融合，也有尋求在地化及認同感的意涵。

民政總署大樓

地址：新馬路163號
時間：09:00～21:00
巴士：2、3、3A、3X、4、5、6、7、8A、10、10A、11、18、18A、19、21A、26A、33

大禮堂

時間：10:30～12:00、15:00～16:30（星期六日及舉行會議不開放）

圖書館

時間：13:00～19:00（星期日不開放）

1.大禮堂內部小教堂供奉無染原罪聖母
2.大禮堂內部會議桌
3.無染原罪聖母
4.藏在大禮堂內的小教堂
5.通往大禮堂階梯

1 2 3
4 5

仁慈堂大樓位於議事亭前地旁

仁慈堂：白馬行醫院

　　仁慈堂位於議事亭前地，是座通體白色的新古典主義建築，在眾多色彩繽紛的建築中，簡約的外型及典雅的色澤，讓她顯得更為突出，外觀立面相當簡單，二層建築開有七個拱券，以方型及圓型的愛奧尼克柱裝飾，中央立面上方有一個希臘式的三角門楣。

　　仁慈堂始建於西元 1569 年，距今有 445 年的歷史，是由葡萄牙首任主教賈尼勞所創立，創立宗旨是成立一座慈善機構，成立初期的白馬行醫院亦是中國第一間西式醫院，目前名列世界文化遺產。仁慈堂左側小巷裡附設一座博物館，主要珍藏四百多年來教士在澳門的傳道足跡，館藏相當豐富，其中最受人注目的是一本 1662 年的「澳門仁慈堂章程」原始手寫稿，還有仁慈堂創辦人賈尼勞主教的顱骨。

　　現今的仁慈堂依然肩負著慈善事業的重責大任，成立非營利托兒所、安養院及盲人重建中心；托兒所提供嬰幼兒 3 個月至 3 歲前的托兒服務，主要目的除了多元培育，並有葡語及中

仁慈堂博物館佈置的相當典雅

博物館位於仁慈堂旁邊小巷內

仁慈堂博物館大廳及賈尼勞主教顱骨

```
1 2 3 5
4 6
```

文的教學，另一宗旨則是為了讓白天辛苦工作的媽媽有一個理想及安全的托兒場所。澳門居民人均壽命達到 81 歲，名列世界前茅，仁慈堂成立的老人安養中心，在各項評比中也是同類機構中的佼佼者。

有機會經過這裡時，別忘了將這座內、外皆美麗的仁慈堂拍下留做紀念，到二樓博物館參觀，相信你會更了解早期澳門的教會歷史。

1.館內現代畫家作品
2.館藏編號32歐洲18世紀聖母抱耶穌繪彩描金木
3.館藏編號53中國19世紀景泰藍聖爵
4.館藏編號95中國19世紀青花耶穌受洗碟
5.鎮館之寶西元1662年的澳門仁慈堂章程
6.館藏編號56中國19世紀景泰藍教會印章盒

仁慈堂博物館

地址：議事亭前地，澳門仁慈堂大樓
電話：（853）2857 3938／2833 7503
時間：09:00～17:30，逢星期一及公眾假期休館（每日參觀人數上限約150人）
票價：MOP5元，學生及65歲以上長者免費
巴士：2、3、3A、4、5、6、7、8A、10、10A、11、18、19、21A、22、26、26A、33

玫瑰聖母堂：浪漫美麗

在板樟堂前地的玫瑰聖母堂建於西元 1587 年，距今約 426 年歷史。玫瑰聖母堂主立面為巴洛克風格，四層結構，由下向上堆疊，第一層為裝飾華麗的三扇綠色大門，第二層則為葡式百葉窗周圍飾以精美的花葉雕刻，第三層中央為西班牙聖道明教院的會徽，兩側為優美的弧型內縮，第四層則為希臘式的三角門楣，主體顏色為鵝黃飾以白色滾邊，整體呈現莊嚴大器又不失典雅的意象。

玫瑰聖母堂內部有三殿，主殿供奉玫瑰聖母（或稱玫瑰花地瑪聖母），內部主色也採用鵝黃及白色，給人舒適明亮之感。值得一提的是，面對玫瑰聖母主座左側的一尊花地瑪聖母，這尊聖母頭戴皇冠、雙手合十、腳踩白雲，後方呈現出萬丈光芒的意象，西元 1917 年相傳在葡萄牙花地瑪地區，聖母曾顯現在三位牧童面前，並向他們透露了三個祕密，是當時著名的宗教事件。

教堂天頂的教會標誌及皇冠

由於當時聖母皆於每月13日顯現，13成了代表花地瑪聖母的符號。每年5月13日玫瑰聖母堂會舉行花地瑪聖像遊行，這尊聖像會被放置在一座聖轎上，由此為起點一直遊行到主教山教堂，聖轎後方會有三牧童跟隨，信徒會沿路讚誦玫瑰經，是澳門一年一度的年度宗教聖會之一。

玫瑰聖母右側後方為聖物寶庫，樓高三層，主要展示三百多件宗教聖物及藝術品，例如繪畫、雕塑、聖器，原裝飾在教堂外觀的聖像、教衣，頂層有二座銅鐘，是目前澳門最古老的兩座銅鐘，上方是木製結構的天花板，由此可看見這座教堂最原始之美。

聖物寶庫

地址：議事亭前地旁板樟堂前地
電話：（853）2836 7706
時間：10:00～18:00
巴士：2、3、4、5、6、7、8A、10、11、18、19、26、33

1.教堂閣樓可以看見屋頂結構之美
2.聖物寶庫展示的皇冠
3.聖物寶庫展示教堂的耶穌雕刻像
4.聖物寶庫閣樓展示的為澳門最古老銅鐘

1 2
3 4

盧家大屋：大器西關豪宅

在澳門看慣了色彩繽紛的歐式大宅，低調典雅的中式宅院就更突顯其難能可貴。在議事亭前地前往大三巴大堂巷的岔路裡，隱藏著一間典型的粵中西關大宅，它的第一代屋主為盧華紹，是第一位將賭博引進澳門的人，也是澳門第一代賭王。

盧華紹為廣東新會人，原為一介布衣，移居澳門後經營錢莊的金融業務而發跡。他發達時造橋鋪路，廣結善緣，獲授葡王騎士勳章，無奈 1904 年廣東頒發禁賭令後，從此家道中落，從家財萬貫到負債累累，後於現今的盧廉若公園（娛園）家中上吊身亡，晚景淒涼。

盧家大屋建成於西元 1889 年，列為世界文化遺產，是一座中式青磚建築，外觀看起來樸實大器，內部陳設及設計在當時是豪門大宅的格局，做工精細、創新大膽及處處充滿巧思，讓人大大的讚嘆。

大屋為三開三進二層樓的建築，中軸線空間通透以屏風隔之，屋內裝飾中西合壁，以嶺南地區特有的磚雕、灰塑、橫披掛落、蠔殼窗及西式假天花、百葉窗、滿州窗、鍛鐵花窗欄杆等各種元素組成，前衛及先進的建材交融，反應當時豪門大宅的氣勢。

灰塑

　　大屋第二進兩邊入口門楣及左翼空間牆壁上的《雲停》（路過仙神於此停留之意）即是灰塑作品，灰塑是廣東傳統建築上特有的裝飾藝術，主要以石灰為材料，拌上紅糖、稻草及草紙等為基底，作工繁複，這種工法一般用於寺廟及豪門大宅，型塑主題大多為人物、花鳥、山水等吉祥題材，型塑完成後會用礦料塗上各種顏色。盧家大屋這幾件作品已斑駁，不過仔細看，部份裝飾上還殘留有類似鏡子的亮片，是以溫水瓶的內膽碎片拼貼而成，在當時可說是豪華至極。

盧家大屋

地址：澳門半島大堂巷7號
時間：09:00～19:00（星期一休館，六、日及公眾假期有導覽解說）
電話：（853）8399 6699
巴士：2、3、3A、3X、4、5、6、7、8A、10、10A、11、18、18A、
19、21A、26A、33

1.天井落水孔是錢幣造型
2.灰塑門楣
3.第三進客廳屏風原漆上金漆現已剝落
4.盧家大屋外觀為灰色的青磚建築

1 2
3 4

1 2
3 4

1.蠔殼窗是用貝殼磨薄拼貼而成
2.盧家大屋的假天花
3.盧家大屋有免費WIFI熱點
4.盧家大屋飯廳

蠔殼窗

　　蠔殼窗的製作工藝已失傳了近百年，原是江南一帶特有的建築樣式，在玻璃尚未傳入中國的年代，蠔殼窗廣為流傳，其製作方法是將貝殼研磨成薄片，裝置於窗櫺上具有透光不透亮的特色。澳門由於地處沿海，取得貝殼較容易，這種工法也運用在建築上，大屋第二進天井上方窗戶上的門楣就是採用此工法，仔細看窗格上鋪的不是宣紙，而是一片片的貝殼薄片喔。

盧家大屋的土地門官採磚雕造型

滿洲窗

　　盧家大屋的各種窗櫺一直是欣賞重點，像是在舊時相當前衛的葡式百葉窗及鍛鐵窗花，是創舉，也是有錢人才用得起的玩意兒。鍛鐵窗在當時尚無焊接技術，花飾接合都是用螺絲固定的。

　　滿洲窗指的是具有滿族風格的窗飾，滿族發源於中國東北，冬天常是天寒地凍，玻璃尚未出現在中國前，窗戶都是以紙糊防止風穿透，為了使窗紙不容易被吹落，造窗時就加上各種不規則，形狀豐富的橫豎木條就成了滿洲窗。

　　色彩豐富的玻璃傳入中國後，被運用在窗櫺上，當時滿族對顏色有相當嚴格的規範，八旗兵各有代表的顏色，一般民間是不能使用的，由於當時富商都是官商，所以才有大量的彩色玻璃鑲嵌在滿州窗上。盧家大屋大量使用彩繪玻璃，當時的玻璃一片值千金，是相當稀有的豪華建材。

　　有故事的屋子總讓人回味再三，如果有機會，建議在假日參加義工的導覽解說，透過解說才能深入了解這棟屋子的奧義，讓旅行不只是走馬看花。

1.鍛鐵花窗在當時可説相當前衛
2.滿洲窗發源於中國東北
3.雲停灰塑作品
4.側廊是給僕人走的，主客有別

1

2 3 4

主教座堂為澳門教堂之首

主教座堂：澳督就職場所

　　經過盧家大屋往前一點的斜坡上，矗立一座莊重的主座教堂，沒有華麗的顏色，沒有浮誇的雕飾，但卻貴為澳門教堂之首，旁邊就是主教公署，負責全澳的教會事務。

　　主教座堂始建於西元 1576 年，原只是一幢木造建築，後經過多次天然災害的殘害及破壞，現今的樣貌是 1937 年由澳門設計師改建而成。外觀是灰色的土石混合材料，二側各有一座鐘樓，中間則是三層結構立面，據說鐘樓的銅鐘來自英國，為紀念葡王伯多祿五世榮登王位所設。教堂內部以淺綠色為主，兩側及主座壁面則採用彩色玻璃花窗，花窗圖案多為天主教的故事典故，在古代歐洲花窗負有教化的功能，陽光透過花窗投射進教堂內，心靈上會產生一股沉靜的力量，祈禱者猶如沐浴在神的庇祐之下。

主教座堂的重要性在於以往歷屆澳門總督上任時，會在此舉行就職大典，將象徵權力的權杖放到聖像旁。澳門教會的宗教大慶典也都於此舉行。主教座堂祭壇下埋有 16、17 世紀當時主教的遺骸。主教座堂外側有一處舖著葡石的廣場，廣場上有一座裝飾著魚紋及海馬的水泉，還有一座十字架，十字架上頭刻著「INRI」，教堂內的耶穌被釘在十字架上，上方也刻有同樣的字樣。INRI 是拉丁語 IE SVS NAZARENVS IVDAEORVM 的縮寫，意思是：「耶穌，拿撒勒人，猶太人的君王」。

主教座堂
地址：大堂前地1號
時間：07:30～18:30
電話：（853）2837 3463
巴士：2、3、3A、3X、4、5、6、7、8A、10、10A、11、18、18A、19、21A、26A、33

1.內部的彩繪玻璃
2.教堂內部沒有過多華麗的裝飾
3.廣場上的INRI十字架

2
13

八角亭：歐式花園裡的中式圖書館

從加思欄花園往北走，會看到一座中西合璧的八角型建築聳立在馬路邊，原有二座，分別為大、小八角亭。大八角亭原為加思欄花園的舞台，目前已被拆除，現存的是小八角亭，位處重要的地標路口。從這裡往北走會到大三巴，往東北走的方向則是荷蘭園大馬路，沿著荷蘭園大馬路可以抵達瘋堂斜巷、塔石廣場、盧廉若公園及國父紀念館。

八角亭外觀是二層的塔樓建築，第一層為西式拱券玻璃花窗，兩側飾以科林斯式的柱子；第二層為一個攢尖琉璃寶頂周圍為八角飛簷，在葡式建築及花園造景的區域顯得獨樹一格。八角亭建於 1927 年，原來的功能為公園的附屬餐廳及桌球室，後為澳門中華商會副理事長收購，改為書報閱覽室，為澳門最早開放的公共圖書館，也是澳門第一座中文圖書館，在歷史上具有一定的意義。

八角亭

地址：水坑尾街

時間：09:00～12:00、19:00～22:00（星期一及公眾假期休館）

巴士：2、2A、4、7、7A、8、8A、9、9A、12、18、18A、19、22、25、25X、H1

1.紅色的花窗
2.夜晚光線透過玻璃窗
3.小小的八角亭位於馬路邊
4.八角亭位於一座歐式花園內

1 2 3
4

加思欄花園：澳門第一座花園

　　加思欄花園為澳門第一座花園，原址為西班牙的聖方濟各修道院，1861年拆除後於此興建了加思欄兵營，側邊即為目前的加思欄花園。加思欄花園不大，整座亮點在其公園中央一座猶如童話故事中雙層蛋糕的建築。雙層圓塔頂端是王冠般的上緣，門框邊緣也像是棉花糖般的螺旋狀，原為紀念第一次世界大戰陣亡者的「歐戰紀念館」，現為澳門傷殘人士體育協會會址。此建築色系和陸軍俱樂部如出一轍，公園裡花木扶疏，地板則是澳門常見的葡式碎石。

　　關於加思欄花園的名稱由來有個小故事，加思欄原來是聖方濟各（Jardim de S. Francisco）葡語錯置而來，相傳有次中國官員巡視此地，由一名葡萄牙神父隨行，問起這裡的名稱，神父用中文譯為：「法欄思加」，其後在書寫時由於中西左右順序的不同，中式多為右至左，漸漸就變成「加思欄」了。

　　現在的加思欄花園則是市民休閒的好地方，現場設置一些可以活動筋骨的設備，午後很多老澳門在此聊天，是一處可以靜心休憩的好地方。

加思欄花園
地址：南灣大馬路東望洋新街
時間：全天24小時
巴士：6、17、28C、H1

加思欄花園是市民休閒好去處

陸軍俱樂部：私人會所餐廳

　　陸軍俱樂部、加思欄花園及八角亭為同一軸線的景點，位於新葡京酒店側邊，由此往上走即可到達東望洋炮台。這一帶相當具有童話氣息，俱樂部本身是粉紅色飾以白色滾邊，簡單的陶立克式瓶形柱子及白色的拱窗，正面是圓拱形的屋頂，嵌有彩帶字樣，上頭秀著 1870 是為其建築年代。此俱樂部的興建是提供當時葡軍的休閒娛樂場所，旁邊就是加思欄兵營。

　　現在的陸軍俱樂部是一處私人會所，享用內部設施需要會員籍，會員還有專屬的信用卡，不過這裡附設一家對外開放的葡式餐廳，非會員朋友也可以訂位。這家餐廳原是私人會所，裡頭雖然寬敞，座位數卻不多，裡面佈置典雅講究，陳設相當復古，很有南歐風格。

陸軍俱樂部餐廳
地址：澳門南灣街 975 號
電話：（853）2871 4004
時間：12:00～15:00、19:00～23:00
巴士：2、2A、4、7、7A、8、8A、9、9A、12、18、18A、19、22、25、25X、H1

陸軍俱樂部全貌

大炮台

大三巴牌坊

澳門博物館

天主教藝術博物館與墓室

聖保祿學院遺址

路線 **5**

宗教藝術與在地文化

漫步約 4 小時

哪吒廟

關前正街及關前後街
（古董街）

戀愛巷

古城牆遺址

果欄街
（華興麵家、洪馨椰子）

洪馨椰子

果欄街

華興麵家

關前後街
關前街

草堆街

大三巴街

古城牆遺址 ★

哪吒廟

戀愛巷

天主教藝術博物館

聖保祿學院遺址

★ 大三巴牌坊

澳門博物館

★ 大炮台

N
W　E
S

大三巴牌坊：澳門地標

　　即便是大三巴牌坊目前只剩教堂立面，她仍舊被喻為東方最美的一座教堂。大三巴始建於西元 1580 年，原是聖保祿大教堂建築立面，其間歷經三次大火，主體建築已全部付之一炬；大三巴牌坊名稱由來是葡語「聖保祿」的意譯而來，因為立面看起來像中式牌坊，因此就習慣稱為大三巴牌坊。

　　大三巴牌坊是澳門最具指標性的地景，不管任何時候這裡人潮總是川流不息，很多導遊帶隊，上了階梯解說立面，自由活動片刻後即前往下一個景點，其實相當可惜！大三巴原來涵蓋的區域包含大炮台及牌坊通往大炮台間的聖保祿學院，如今聖保祿學院成了斷垣殘壁，大炮台依山勢則建了澳門博物館。大三巴後方天主教藝術博物館及墓室，鮮少有遊客踏足。

　　走到大三巴後方有更多的驚喜，牌坊後方設有階梯，可以爬到牌坊上方，從不同角度欣賞。從這裡也能看到教堂原來的輪廓及遺跡，左方可以看到哪吒廟及古城牆遺跡，教堂後方長道盡頭即是天主教藝術博物館及墓室。墓室為 1990 年澳門當局在修復及整建時發現的教堂墓室，

內有當時日本籍及越南籍殉教者的遺骨。墓室可以從上層及下層參觀，兩側石條聖物匣玻璃內即是教士遺骸，教士的名單列於外頭的牆壁上。

天主教藝術博物館主要展示 16 ～ 20 世紀間天主教的藝術精品，不少是關於大三巴的。這些珍品中最引人注目的莫過於一幅聖彌額爾（Michael）大天神木版畫（編號 28），是一幅當時耶穌會日本教友的作品，也是大三巴教堂內僅存的一幅作品，另一個 17 世紀的聖彌額爾大天神木雕作品（編號 22），也是件罕有的珍寶。

大三巴牌坊立面是屬於文藝復興晚期風格主義作品，當時技師來自中國及日本，因此又揉入了許多東方元素，例如中文字樣、代表中國及日本的牡丹與菊花、中國獅子造型的排水孔，在世界教堂建築史上是絕無僅有的作品，從立面外觀可以想見當時的規模。雖然現今只剩立面存世，但卻不損其普世價值，大三巴牌坊橫向五層、縱向九間，在此交錯的格子內設有各種雕塑及浮雕，像是一幅故事版畫，幾百年來靜靜述說屬於自己的故事。

天主教藝術博物館與墓室
地址：大三巴牌坊後方
時間：09:00～18:00
巴士：7、8、8A、17、18、19

哪吒廟／博物館／舊城牆
地址：大三巴牌坊側邊
時間：08:00～17:00
巴士：7、8、8A、
17、18、19

1. 大三巴前著名雕塑：中國女子送蓮花給葡國男子
2. 墓室遺跡，兩旁為日籍及越籍教友骨骸
3. 聖保祿教堂遺跡
4. 天主教藝術博物館（編號22）聖彌額爾大天使像
5. 哪吒廟
6. 大三巴旁的哪吒廟及古城牆

1
23
456

1.鴿子在教義裡代表無上的聖靈，圍繞
　在祂周圍的是日月星辰。

2.穹頂下的小耶穌，左手平地、右手承
　天，兩側圖案則是鑷子、鐵槌、鞭子、
　荊棘、箭頭等耶穌殉難時相關的物品。

3.天使抱著十字
　架，象徵耶穌
　受難時被釘死
　在十字架上。

4.天使抱著柱
　子，象徵耶穌
　受難時被捆綁
　在柱子上。

5.聖母升天，拱券四周飾以牡丹及菊花，
　兩側有吹奏樂器的6位天使。

9.聖人：真福方濟各·包傑。　　10.聖人：聖依納爵，
　　　　　　　　　　　　　　　　　耶穌會創辦人。

13.IHS耶穌會之標記。

6.海星聖母引領船隻脫離罪惡之海，左側為一隻中箭的魔鬼，中文寫著：「鬼是誘人為惡」，右側為生命之泉。

7.聖母腳踏七頭十角惡龍，源自聖經《啟示錄》。右側為骷髏及中文字「念死者無為罪」。

8-1為鴿子，下方是一扇敞開的門

8-2為被雙箭刺穿的王冠，下方是一扇閉鎖的門，這二者意義為天國之道為信仰而非權勢。

11.聖人：聖方濟各·沙勿略，遠東傳教士。

12.聖人：聖類思·公撒格，義大利貴族出身的耶穌會教士，在羅馬學院因照顧流行病患而死。

15.牌坊左側下方奠基石，這顆石頭是西元1602年教堂第三次遭祝融之災後重建的奠基石。

14.「MATER DEI」（天主之母）。

澳門博物館／大炮台：尋找歷史軌跡

　　大三巴牌坊景區，除了欣賞牌坊故事立面，別忘了到牌坊後方的宗教藝術博物館、墓室及旁邊的戀愛巷、哪吒廟走一走，當然最重要的就是前往大炮台，在這兒可以居高臨下鳥瞰澳門城市景觀，沿途還會經過聖保祿學院遺址及澳門博物館。貼心叮嚀，前往大炮台請往左方的澳門博物館搭電扶梯往上三層即可抵達，即使不參觀博物館也能搭乘，因為如果你選擇大炮台的指標方向，要花近 3 倍的時間及體力才能到達。

　　大炮台約建於西元 17 世紀，由當時的耶穌會所興建，主要是居高做為防禦之用，一直以來是澳門的軍事核心，之後部份區域被改建為氣象站。澳門博物館樓高三層，沿著炮台山的山壁順勢而蓋，底下二層建於大炮台平台之下，只有最上一層是改建自原來的氣象站，如此可以保留古遺趾最大的原始風貌。

博物館一樓入口處可以看到原來的石壁遺跡，一樓主要展示澳門早期歷史，華人及葡人間的貿易及一些庶民、官方所遺留下來的物品。早期中國瓷器相當受西方世界青睞，澳門是中國瓷器銷往西方的重要中繼站，這裡也展示了為數眾多的外銷瓷，部份做為宗教用途，有些是彩繪盤紋，從這些形制及圖案可以看出這些瓷器並不是中國境內通用的瓷器。

這一區有一件明洪武年間珍寶《釉裏紅纏枝牡丹紋玉壺春瓶》（1368～1398），這件珍寶是美國賭場大亨史蒂芬・永利於香港佳士得拍賣會所標得，當時得標價將近台幣3億4千萬，後來他轉贈給澳門博物館，相似作品在台北故宮也有珍藏。這款瓷器同門尚有松竹梅紋、蓮紋，釉裏紅起源於元代，燒製難度高、成品率低，目前存世相當稀少。而澳門博物館這件作品原為蘇格蘭一對夫婦所有，原以為只是一件普通的中國瓷器，拿來當燈座使用，後來在一場博物館的展覽看到類似作品，送交鑑定才確認為稀世珍寶。

鎮館之寶
釉裏紅纏枝牡丹紋玉壺春瓶

1 4
2 5
3 6

1.展場文物
2.澳門民居
3.澳門博物館入口
4.澳門博物館將聲音也列為展覽
5.葡國菜大全
6.澳門博物館頂樓原為氣象站

二樓展示澳門傳統文化，民間藝術及宗教慶典，個人覺得澳門博物館最有意思的地方就是展區佈置的很生活化，包括傳統葡式民居、中式民居的建築樣式及用品，也模擬當時屋舍裡的真實情況，像是土生葡人的生活飲食也都鉅細靡遺。最讓我驚奇的是博物館也保留了「聲音」，把當時百姓們在街頭的各種叫賣聲完整保留下來，這部份在博物館展示當中也是絕無僅有。

三樓則是屬於近代的生活展示，包含城市風貌及居民生活特色，當中也有部份是關於國父孫中山先生和澳門間的連結。結束參觀，從三樓走出去就可以抵達大炮台。

澳門博物館的展示佈置相當活潑，動線規劃的不錯，可以一窺早期華人及葡人的生活情況、宗教喜慶、居住環境、休閒娛樂等，是深入了解澳門文化的好地方。

澳門博物館／大炮台
地址：博物館前地112號
電話：（853）2835 7911
時間：10:00～18:00（逢星期一休館、每月15號免費參觀）
巴士：7、8、8A、17、18、19
票價：成人MOP15元

大砲台上視野遼闊

前往澳門博物館有電扶梯可以搭　　　　澳門博物館水池

戀愛巷在大三巴旁邊小巷內

戀愛巷兩旁是色彩繽紛的民居

記得和戀愛巷字樣拍照

戀愛巷
地址：戀愛巷
時間：全天24小時
巴士：7、8、8A、17、18、19

戀愛巷：浪漫葡街

　　知名景點大三巴牌坊右街，有一條大名鼎鼎卻鮮少人知道的「戀愛巷」。戀愛巷只有短短50公尺，為兩排私人建物間的一條防火巷。巷內建築以簡約古希臘、羅馬立面的新古典主義建築為主，淡淡的三角門楣、淡淡的石刻花紋，不矯揉造作。建築牆體採用對比鮮明的色系為主，粉紅色主牆搭配綠色窗櫺、鵝黃色主牆搭配白色或是咖啡色等繽紛色彩。街道為歐洲特有的石板路，上頭擺些種植鮮花的花壇及座椅，行走在其間就好像擁有初戀般的好心情，非常浪漫。

　　戀愛巷也是眾多電影拍攝場景，由杜汶澤及梁洛施所主演的《伊莎貝拉》，此劇大部份場景都在澳門拍攝，其中有一幕兩人喝醉酒後一起夜遊的街道即是在這裡取景。另外像劉德華及舒淇主演的《游龍戲鳳》幾乎已成為澳門旅遊電影的代名詞，場景也選在戀愛巷。

　　造訪大三巴牌坊，別忘了繞下來和自己的愛人在戀愛巷街牌底下拍張閃光照，沒有戀人的則拍個徵友照透露自己的心情，保證在不久的將來也能找到一位好戀人。

關前後街及果欄街：在地人文小巷

　　澳門的精彩處總在小巷裡，在小巷裡迷路你會有連串的驚喜發現。澳門島遊客行走路線很正規，拿地圖、旅遊書從議事亭前地沿著指標走到大三巴，完成大三巴之旅後就此結束，其實應該多花一點時間鑽進旁邊的小巷，小巷裡除了可以體會到難得的清靜，也才能見到澳門人的真實生活。

　　關前街可以從議事亭旁的小巷，或是從大三巴旁戀愛巷走進，或是從花王堂街轉關前正街，再由長樓斜巷轉進果欄街及後街，都可以從喧嘩的時空一下子轉入悠閒，就算在小巷裡迷路也彷彿跌進舊時光裡。關前正街及關前後街這一帶保留了很多澳門老房子，街上大部份都是經營五金、古董藝品及藝術作品的店舖，窄小的街道搭配葡國風格碎石路，漫步席間就能享受難得的美好時光。

沿著觀前後街直行會來到果欄街，百年前這一帶都是極繁華之地，除了是清朝海關所在地，也是外銷品的集散地，昔日的繁盛和如今的沒落總讓人腦海裡浮現強烈的對比。果欄街 51 號的華興麵家在此屹立將近 60 年的歷史，經過這裡不妨抬頭往店家的屋頂上看，可以看到店家將一坨坨手工圈製而成的麵糰放在鏤架上曬。華興麵家至今仍堅持傳統製麵方法，用竹昇打雲吞皮，大部份都採用手工製作，新鮮供應澳門當地客人及麵家，在澳門碩果僅存。

華興麵家頂樓鏤架是曬麵場

洪馨椰子店舖

果欄街 14 號的「洪馨椰子」創立於西元 1868 年，店內至今仍保留初創時期的傳統風味，店內主要賣椰子水及椰子雪糕，雪糕也推出芒果、芋頭、巧克力等口味，當嚐過這裡的椰子雪糕口味後，有可能成為你此趟澳門行念念不忘的好滋味。椰子雪糕滋味豐厚，清爽不膩，成份單純只採用椰汁、椰絲、煉奶製成，製作過程卻相當繁複，老闆夫婦每天清晨 8 點開始就要處理自馬來西亞進口的椰子，因為純手工每天供應量也不過百來杯，晚來的朋友可能會享用不到。

小巷弄的迷路旅行，讓我發現更貼近澳門人生活的真實核心，不經意的發現，為這趟旅行增添更棒的創造性。

洪馨椰子雪糕滋味讓人難忘

洪馨椰子
地址：果欄街14號
電話：（853）2892 0944
時間：09:00～13:00、14:30～19:00

聖安多尼教堂
（花王堂）

基督教墳場
（李小龍精武門拍攝地）

白鴿巢公園

大三巴牌坊

東方基金會會址

路線 6

東西薈萃人文之旅

漫步約 6 小時

消防局博物館

三盞燈

檸檬王

義字街

龍華茶樓
紅街市

罅些喇提督大馬路

義字街

三盞燈

鏡湖馬路

連勝馬路

白鴿巢公園

權記骨粥
勤記糖水

沙類頭海邊街

東方基金會會址

基督教墳場

檸檬王

聖安多尼教堂（花王堂）

連勝街

消防博物館

N
W E
S

十月初五街

沙欄仔街

高園街

西墳馬路

花王堂街

大三巴牌坊

教堂內部為巴洛克式風格

花王堂：澳門人的婚禮教堂

　　澳門花王堂（聖安多尼教堂），建於西元 1558 年至 1560 年間，是澳門三大古教堂之一，堂如其名是帶給人喜悅的象徵。

　　聖安多尼教堂外觀為新古典式的建築樣式，立面為灰石結構，設有一座鐘樓，內部則是較為華麗的巴洛克式風格，以乳白色系為主，金色吊燈從天花板懸吊而下，平和中帶點華貴的美感，供奉主保為聖安多尼。聖安多尼出身於葡萄牙的貴族，因為學識淵博、熟讀聖經，被喻為「聖經活庫」，在義大利及法國各處宣揚教義，36 歲因積勞成疾蒙主寵召，後被追封為聖人。祂以助人尋物見長，教徒每有失物及尋人都會向祂禱告，後來教徒希望祂也能幫忙找尋婚姻伴侶，因此成了婚姻的主保。聖安多尼在聖經故事中及後世繪畫作品中，皆以手抱小耶穌及手拿百合花的造型出現，花王堂正立面的三角門楣中，站著的聖安多尼即是以此造型出現。

　　因為這層緣故，以往葡萄牙人都選在聖安多尼教堂完婚，西式婚禮多以鮮花佈置，故被稱為花王堂。

花王堂
地址：花王堂前地
時間：07:30～17:30
巴士：8A、17、18、18A、19、26

花王堂是澳門人的結婚教堂

白鴿巢公園：葡國詩人賈梅士靈感之地

　　白鴿巢公園佔地廣闊是澳門最大、也是最古老的公園之一，公園裡最大的亮點是葡國詩人賈梅士洞、公園入口的「擁抱」雕像及地面石階上，以葡國魂史詩題材鋪成的十幅碎石砌圖。公園原是葡萄牙富商俾利喇（Manuel Pereira）的花園別墅，後由家族成員馬葵士管理。相傳馬葵士喜歡在這裡飼養白鴿，成群白鴿蔚為奇觀，聚集在一起就如同白鴿巢一樣，白鴿巢這個名詞就此流傳下來。

　　賈梅士是葡萄牙家喻戶曉的詩人，民政總署小花園裡也有他的銅像，賈梅士出身葡萄牙貴族，受到當時葡王的賞識，經常出入宮廷，因和宮廷裡的宮女相戀違反禁忌而被逐出宮。之後他二次到印度從軍，第一次在印度失去了一隻眼睛，第二次又因得罪了當時的印度總督而被放逐澳門。

白鴿巢公園擁抱雕像

1
2
3
4
5

白鴿巢公園
地址：白鴿巢前地
時間：06:00～22:00
巴士：8A、17、18、
18A、19、26

1.白鴿巢公園裡著名的賈梅士洞
2.白鴿巢公園裡著名的賈梅士洞背面
3.公園裡以葡國魂史詩題材鋪成的石砌圖
4.市民在此下棋娛樂
5.公園一隅

　　賈梅士在澳門待了二年，在現今的白鴿巢公園的一處石洞內創造了聞名於世《葡國魂》的部份篇章。這部史詩前後總共耗時 30 年，主要是以荷馬史詩的記述方式，將神話融入現實生活的見聞，內容有褒有貶。全篇共 10 章主要歌頌葡萄牙人對航海的偉大貢獻，他當時只要有靈感就將詩句刻在石壁上，馬葵士因為很景仰賈梅士的才華，在此為他設立雕像；旁有碑題字：才德超人因妒被難、奇詩大興立碑傳世。

　　公園裡古木參天，各式各樣的植物欣欣向榮，是澳門的植物基因庫，像是全澳第一株麵包樹母株就生長於此，現在是澳門民眾晨起運動的好地方，每到午後可以看到市民在此下棋談天，是體會澳門市民真實生活的好地方。

東方基金會：富紳俾利喇豪宅

　　這座建於 18 世紀，隱身在花園裡的漂亮建築，目前是東方基金會所在地，前身是賈梅士博物館、東印度公司及澳門巨富俾利喇的住所。東方基金會主要任務為承接葡萄牙文化在東方的推廣及傳承工作，總部在葡萄牙里斯本，目前在東帝汶及果阿都設有辦事處，東方基金會提供獎學金給遠東地區學生到葡萄牙學習語文。

　　這棟別墅首開澳門花園式洋房的先河，二層樓建築，原是斜坡式屋頂，但如今已不復見，最大特色是中央的西班牙式台階，顯得華貴又大器，基金會前方是一座花園，目前已改為水池，一旁有俾利喇的雕像。

東方基金會
地址：白鴿巢公園側邊
時間：09:30～18:00、畫廊09:30～18:00（星期六、日及公眾假期休館）
巴士：8A、17、18、18A、19、26

1.富紳俾利喇銅像
2.東方基金會中庭水池廣場
3.東方基金會入口
4.東方基金會建築的西班牙台階風格

1 2 3
4

這座墳場是李小龍電影拍攝地

基督教墳場：李小龍精武門拍攝地

位於東方基金會旁是一座基督教墳場，目前列為歷史文化遺產的一部份。也許大家會好奇，為何墓場也能列入文化遺產。主要原因是這裡為澳門第一座新教徒墓園，當時首任傳教士為馬禮遜，馬禮遜對基督教有卓越的貢獻，他是第一位將聖經翻譯成中文，也是第一位中英字典的翻譯人。由於當時新教徒受到天主教徒及中國人的排擠，死後沒有一處長眠之地，在其妻亡故後以當時東印度公司職員身份，請公司將此地買下，並建成墓園，後馬禮遜一家人皆安葬於此。

墓園現已成歷史古蹟停止入葬，入口處有一座白色磚石結構的羅馬式教堂，就取名為馬禮遜教堂，是澳門第一座基督教傳教所，很多名人葬在這裡，鴉片戰爭時亡故的英國將領、傳教士、英國商人，其中最著名為喬治‧錢納利，他是英國著名的印象派畫家，曾旅居澳門長達 27 年，他當時擅長描繪澳門街景，如今街道已成了考證舊時地景的最佳範本，被列入重要的歷史考證。

進到墳場難免心裡毛毛的，不過入口的馬禮遜小教堂卻是不容錯過的地方，雖然和色彩艷麗的大教堂比起來顯得過於樸素，不過由於她淡雅的外型，給人一種與世無爭的感受；這裡也是李小龍《精武門》電影拍攝地點，著名「東亞病夫」橋段就是在這裡拍攝完成。

很多名人葬於此

馬禮遜小教堂內部

基督教墳場
地址：白鴿巢公園側邊
時間：08:30～17:30
巴士：8A、17、18、
18A、19、26

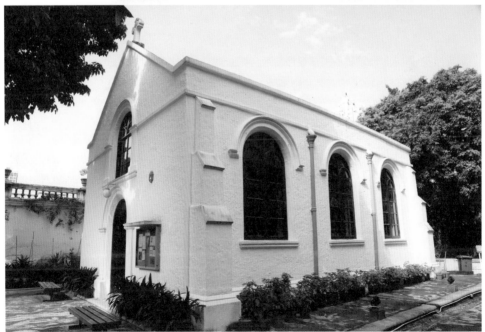

基園裡的馬禮遜小教堂

1 2 3
4 5

1.澳門檸檬王古樸的包裝
2.澳門檸檬王店面不大，但
　每天來朝聖的人絡繹不絕
3.4.5.各種口味試吃

檸檬王照片及店主

澳門檸檬王
地址：澳門連勝街1號
電話：（853）6688 1786
時間：星期一至五09:00～21:00、
星期六至日12:00～21:00
巴士：8A、17、18、18A、19、26

澳門檸檬王：米其林街頭小吃推薦

　　其實早在2018年澳門檸檬王被登錄為米其林推薦街頭小吃前，檸檬王的甘草檸檬在香港已經瘋迷很久了，香港檸檬王是老檸檬王的大兒子，澳門的是二兒子，所以這二家都是系出同門。

　　澳門檸檬王並不是一個商業店面，而是一處小區的住家，初次造訪也許會找不到。從大三巴牌坊前往，可以從面對牌坊臺階下左手邊（星巴克）的花王堂街走過去，步行約6分鐘，會先碰到花王堂教堂，從左邊的斜坡上去就是白鴿巢公園的公車停靠站，面對公園右手邊連勝街上會看到麥當勞，從麥當勞右側臺階上就可看到。

　　小小的店舖，大概有22種產品，主要分檸檬系列、陳皮系列、金桔系列、老薑系列、梅子系列、橄欖系列及八仙果等，現場可以試吃；產品有分為可當蜜餞零食吃的、泡茶的及有些特殊功效的。我覺得還是單一推薦甘草檸檬，這款檸檬主要是採用泰國青檸加入獨門香料及砂糖製造，不死鹹，味道不會太涼及太酸，吃起來硬中帶Q，會讓人不知不覺嗑掉一包，部份產品有提到止咳效果，個人覺得還是參考就好。

消防博物館：小而巧的博物館

　　參觀完白鴿巢公園及東方基金會、基督教墳場等景點，前往義字街及三盞燈的同時，可順道前往檸檬王買個伴手禮，再往前走到澳門消防局博物館，從這裡步行過去約 6 分鐘的時間。

　　消防局博物館位於一棟美麗的歐式建築內，設計師是澳門人陳焜培，屬南歐式的建築風格。這棟建築還曾榮獲列名澳門具有「建築藝術價值之建築物」名單，建築物本身就是一個參觀景點。主要展示澳門消防局相關文物，全區位於地下一層，分成二個區域，展區不大，小而美。

　　前展區主要展示兩部 1950 年代英國製造的消防車，還有中國及英國製造的手搖水泵；後展區主要展示澳門歷屆消防員所使用的裝備，包括靴子、衣飾，還有消防局當時的火警鐘、梯子及輔助器材等，場內還有模擬火警發生時的模型；想了解澳門消防史及對歷代消防設施有興趣的朋友，不妨走一趟。

後展示廳全景

消防車模型

消防博物館
地址：澳門連勝馬路2至 6 號
電話：（853）2857 2222
時間：每日10:00～18:00
票價：免費
巴士：8A、17、18、18A、18B、19、26

消防局外觀是一棟鵝黃色的南歐建築

三盞燈得名於廣場上這盞路燈

三盞燈及義字街：在地市集及東南亞小吃

人們總說想了解一個國家或地區的文化及庶民生活，那麼到市場準沒錯。如果說新馬路是遊人如織的長街，那麼位於聖安多尼堂區的三盞燈及義字街一帶，則是在地人真實生活的區域。聖安多尼堂區包括沙梨頭及新橋，三盞燈及義字街指的是新橋鄰近，東從白鴿巢公園、西至俾利喇街、北從高士德大馬路、南至新勝街這一整個大區域，區域內還有永樂大戲院、蓮溪新廟及蓮溪市集。

三盞燈位於嘉路米耶圓形地，以圓形廣場向外輻射出五條街道，其名稱由來大致是因為圓形廣場那一盞有四盞燈泡的路燈，因為一段期間剛好一顆燈泡壞掉，故稱為三盞燈；另一說法是說站在特定角度只能看到三盞燈，名稱由此而來。由於這裡聚集很多緬甸華僑，漸漸發展成為一處東南亞的美食商圈，聚集了二十多家東南亞美食餐廳，比較著名的有東京小食館的豬腦撈麵、雅馨緬甸餐廳的椰汁雞麵。

義字街鄰近街區則被稱為澳門的通菜街，舉凡民生用品、蔬菜瓜果、乾糧雜貨、傳統食物應有盡有。在這裡可以看到澳門人上街採買日常用品的真實情況，很少有遊客來此，街坊小攤也能看到很多在台灣比較少見到的小吃，像是源自廣東一帶的「缽仔糕」，主要成份是糖及米粉，放在一個瓦製的小缽裡蒸熟即成，吃的時候從缽裡倒出，可單獨吃也可用竹籤串成一串。廣東燒臘店則是攤攤都大排長龍，剛出爐的包子、饅頭光聞香味就讓人肚子餓，澳門的甜湯也相當著名，在小巷弄內可以見到商家直接用石磨將米、芝麻等成份磨漿再製成各式湯品，現場到處都有叫賣聲，人聲鼎沸相當有生氣。

想體驗澳門人的生活，那麼到三盞燈及義字街一帶準沒錯。

雅馨緬甸餐廳

地址：新橋（三盞燈）飛能便度街27號F地下

電話：（853）2852 8129

時間：08:00～19:30

東京小食館

地址：澳門本島三盞燈嘉路米耶圓形地1號C

電話：（853）2856 0037

時間：10:00～22:00

三盞燈

巴士：7、7A、8

1 4
2 5
3

1.缽仔糕是澳門人小時候常吃的零嘴(義字街)

2.剛出爐的饅頭讓人垂涎(義字街)

3.燒臘店前總是大排長龍

4.義字街上乾糧雜貨應有盡有

5.三盞燈附近有很多東南亞美食餐廳

聖奧斯定教堂

亞婆井前地

何東圖書館

崗頂劇院

聖老楞佐教堂

聖若瑟修院及聖堂

議事亭前地

路線 **7**

世界文化遺產走透透

漫步約 6 小時

港務局樓

鄭家大屋

海事博物館

主教山教堂

媽閣廟

新口岸

議事亭前地 ★

何東圖書館 ★　★ 聖奧斯定教堂
　　　　　　★ 崗頂劇院
　　　　★ 聖若瑟修院

官印局街

★ 聖老楞佐教堂

鄭家大屋 ★　★ 亞婆井前地
媽閣街　　 主教山教堂

★ 港務局大樓

🏠 ★ 媽閣廟
海事博物館

N
W　　E
S

何東圖書館：港澳唯一園林式圖書館

　　何東圖書館建於 1894 年，原是私人產業，1918 年為香港富商購入，用做私人宅院，後捐予澳門政府做為公共圖書館，目前是澳門最具規模的圖書館，也是港澳唯一園林式的圖書館，館藏最膾炙人口的是藏量豐富的古籍、史冊。

　　走進何東圖書館，如果不說這是座圖書館，其實單從外觀還真無法猜想，何東圖書館外觀為鵝黃色，外牆採用整排的拱券排列，中間飾以鍛鐵花窗，走進大門會先經過一處靜謐的小花園，主體是三層樓的建築，同樣以拱券造型堆疊，營造出一種大器的風格；由於主體建築基於古蹟理由不得再增建及破壞，建築後方興建了新藏書大樓，採用鋼樑玻璃帷幕，後方有另一座花園，環境相當清幽。

澳門中央圖書館約有7座，做法相當親民，除了澳門居民外，旅客擁有3個月以上逗留許可皆可辦理圖書證。澳門圖書館設有流動圖書館服務，全澳共有二輛，是以中型的貨櫃車改建，車頭為咖啡色，車身為黃色，每車設有31層書架，藏書約3千冊，平時在人口密集的地方為澳門居民服務，很受歡迎。

何東圖書館

地址：崗頂前地3號
電話：（853）2837 117
時間：星期一至六10:00～19:00、星期日11:00～19:00
巴士：9、16、18、28B

1.參觀何東圖書館要先走過一處小花園
2.後方小花園
3.後方小花園改建為現代圖書館
4.當時遺留下來的古井

建築為三層樓拱券堆疊而成

1 2
3 4

聖奧斯定教堂大門柱子為塔司干柱式

聖奧斯定教堂：巴西利卡式小教堂

聖奧斯定教堂由奧斯定教會創建於西元 1591 年，華人稱為「龍嵩廟」，此名稱由來是因為建造初期此廟以簡單的蒲葵葉覆蓋當屋頂，風起時枝葉隨風飄揚猶如龍鬚般，是澳門最古老的教堂之一。

你可能會有和我同樣的感覺，澳門被列為世界遺產大部份是建築，除了幾棟中式建築外，其餘清一色新古典樣式，看來看去好像都一樣，看到最後印象都不深刻。或許聖奧斯定教堂也會給你如上的感覺，不過其實欣賞建築還是有個小小訣竅，在古羅馬及希臘時代，常用在建築形式上有 5 種柱式，包括塔司干柱式、陶立克柱式、愛奧尼克柱式、科林斯柱式及混合柱式，各有各的風格。聖奧斯定外頭的是屬於塔司干柱式，其實這種柱式和陶立克柱式樣式相當接近，不同的是塔司干柱式更為簡約，柱子上沒有凹槽。

牆上的百葉窗

1.內部為巴西利卡格局
2.位於教堂旁的耶穌會會院
3.聖奧斯定教堂又稱為龍嵩廟
4.教堂內部由拱柱撐起

再來就是教堂內部格局屬於巴西利卡，巴西利卡其實是指古羅馬時期公共建築的一種樣式，而這種樣式大都用來建造法院或是商場等大型建築。這種格局的特色是呈長方型佈局，底端做為一個拱型的神龕，兩側開有橫條，從鳥瞰的角度呈現十字架的造型。

雖然我不是建築專家，但依循這些小角度來欣賞教堂，除了得到小小的樂趣，也加深了對這座教堂的印象。

聖奧斯定教堂
地址：崗頂前地2號
時間：10:00～18:00
巴士：9、16、18、28B

崗頂劇院為早期澳門人重要的社交場所之一

崗頂劇院：澳門人的心靈補給站

　　崗頂劇院始建於 1860 年，是當時葡萄牙人的重要娛樂場所，這座世界遺產級的建築，至今仍每天上演各式各樣的表演活動，是中國第一座西式劇院。

　　崗頂劇院是座縱型的建築，建築立面是新古典希臘式建築，立面開三拱券，外層為六根愛奧尼克式柱子，柱式上端是希臘式的三角門楣，整體外觀淡綠色飾以白色點綴，屋頂則是鮮艷的紅色。劇院內部第一進是交誼廳，第二進則是二層設計的劇院主體，內設 276 個座位，二樓座位區是一月牙型的設計。

　　目前這仍是一座開放表演的活劇院，演出內容五花八門像是百老匯音樂劇、管絃樂表演、中國絲竹等，遊客參觀只開放到廳內的交誼廳，內部設有旅遊圖章可以蓋。

崗頂劇院

地址：崗頂前地
時間：10:00～18:00，花園開放至23:00
巴士：9、16、18、28B

1.內部等候大廳
2.從這裡可以通往二樓月牙型的座位區

12

聖若瑟修院及聖堂：西方天主教的少林寺

　　何東圖書館入口左側有一座墨綠色的建築，這裡就是聖若瑟修院，從 1728 年修道院成立以來，就肩負著培育教會人才的使命。從這裡培養出的神職人員會赴中國、日本及東南亞傳教，在天主教的歷史裡佔有極重要的一環，也因為作育無數英才，因此被稱為天主教的少林寺。

　　聖若瑟修院並不開放參觀，主要參觀的是聖若瑟聖堂，不過聖堂並不位於此，而是從下坡經過崗頂劇院後，在三巴仔橫街右轉，即可見到一處古典的巴洛克式入口，從這裡拾級而上才是聖若瑟聖堂。聖若瑟聖堂是一座三層五間的鵝黃色巴洛克式建築，相較澳門新古典樣式，算是比較罕見。這座教堂在澳門規模僅次於原來的大三巴，因此有小三巴之稱，澳門人習慣稱呼它為三巴仔。

　　聖若瑟聖堂位於一段台階之上，總讓人有一種莊嚴之感，裡頭最重要的文物莫過於第一位到遠東傳教的聖人方濟各‧沙勿略的前臂骨，如果大家有印象，祂就是大三巴牌坊第四層左邊算過來第三位那位聖人。

1.聖若瑟內部陳設莊嚴典雅
2.鵝黃色的巴洛克建築外觀
3.聖若瑟聖堂入口處　　　　　1 2
4.入口處教宗立像　　　　　　3 4

聖若瑟修院及聖堂
地址：三巴仔橫街
電話：(853)8399 6699
時間：10:00～17:00
資訊：修院不對外開放，請從三巴仔橫街進入
巴士：9、16、18、28B

外觀為新古典式有二座塔樓

聖老楞佐教堂：花園教堂

　　聖老楞佐教堂建成年代早於西元 1569 年，有別於一般教堂皆兀自豎立在街角或是廣場。聖老楞佐教堂位於一座花木扶疏的花園中，是座典雅的新古典式建築，正立面二端為塔樓，一方為時鐘、一方為銅鐘，中央塔尖以三角型收尾，原來色彩斑駁，整修後復舊如舊，以鵝黃及白飾邊點綴，顯得氣質出眾。

　　教堂正堂主供聖老楞佐，身穿華麗紅衣，左手拿經書，右手拿鐵架。老楞佐常出現在宗教故事及中古世紀畫作中，出現時的造型皆以紅衣及鐵架為主，相傳祂是羅馬教會的執事，主要負責教會財產及濟貧工作。西元 258 年教會被以私藏大量財產為由，要老楞佐交出財產，由於這些財務皆用於救濟窮苦人家，老楞佐當然無法屈服，便想出一計，將這些窮苦人家帶到當時的總督面前，並說這些人就是教會最大的財產。此舉引起軒然大波，被總督宣判處以極刑，將祂放在鐵架上雙面烤熟而殉職，後被教皇封為聖人，此後祂皆是以此造型出現。聖老楞佐教堂左右兩邊有精彩的彩繪玻璃，其中一面記載著聖老楞佐殉職的故事。

聖老楞佐相當受到葡萄牙人的敬重，是庇佑平安，賜予風信之神，被封為風神。早期由於聖老楞佐教堂鄰近港灣，聚集了相當多的漁民，一方面期待出海捕魚的家人回來，一方面祈求家人平安，因而這裡又有另一個別稱叫風順堂。從這裡可以前往另一座美麗的教堂：聖若瑟修院聖堂（三巴仔橫街），早期這間修院培養了大量的教會人才，又被稱為教會的少林寺。

1.主奉聖老楞佐
2.教堂外面像一座小花園
3.玻璃花窗記述聖老楞佐被火燒的故事
4.內部端莊典雅

聖老楞佐教堂
地址：風順堂街
電話：（853）8399 6699
時間：10:00～16:00（星期一～五）、10:00～13:00（星期六）、星期日及假日停止開放。
巴士：9、16、18、28B

1 2
3 4

1.亞婆井前地是早期葡人聚集的地區
2.相傳葡人是因為這裡有水源而聚集
3.亞婆井四周有很多具特色的葡式民居
4.真正的水源地在亞婆井斜巷盡頭高地上

1 3
2 4

亞婆井前地

地址：亞婆井前地
時間：全天24小時
巴士：18、28B

亞婆井前地：靜謐的午後時光

　　亞婆井前地早期做為葡萄牙人聚集的地區，現在則是旅人的十字路口、在地人的休憩場所，屬於歷史城區的一部份。亞婆井是葡語「山泉」的意思，這裡靠近內港並且是澳門主要水源地，早期葡萄牙人即聚集於此，因為這個緣故，在亞婆井四周保留了相當多的葡式民居。葡式民居有幾個特點，色彩繽紛的粉牆、對開的百葉窗。不過在這裡也可以瞧見中葡融合的足跡，像是中式紅瓦屋頂及青磚等材料，再次印證了當時中西文化兼容並蓄的交融。

　　亞婆井前地有一口泉水，不過這口泉水並不是原來的水源，原先的水井在斜巷盡頭；前地有兩棵百年大樹，成了過往旅人及在地人最佳遮蔭的地方，中午時分很多學生放學會在這裡小憩，澳門人也會在樹下用午膳，是享受靜謐時光的絕佳地點。以這裡為中心，可以前往主教山教堂、鄭家大屋、港務局大樓及媽閣廟，可說是四通八達。

　　前地上有一家小型的販賣店，可在此休息買杯飲料、雪糕或是選購明信片、紀念品，補充好體力再出發。

這裡視野遼闊可以看到澳門半島景緻

常有新人來此拍婚紗

主教山教堂
地址：澳門半島西望洋山
時間：09:00～17:30
巴士：18、21

主教山教堂望海聖母

主教山教堂：山丘上視野遼闊的教堂

　　主教山教堂建於西元 1622 年，有別於澳門本地大量的新古典式建築，主教山小堂採用較為罕見的哥德式樣式，立面簡潔，旁有高塔式的鐘樓，鐘樓上方有風信指標，教堂後方曾是主教官邸。從亞婆井前地出發，沿著旁邊的小巷，循著碎石板路上山，就可看到聳立在西望洋山上的主教山教堂。

　　因為制高點地形緣故，這裡原是設有炮台的軍事要塞，主要作為防禦荷蘭人的入侵。主教山教堂的建造有一段故事，當時葡萄牙海軍和荷蘭海盜抗戰因為沒有重大傷亡，曾許下承諾在此建教堂做為祈禱之用。主教山教堂廣場有一尊望海聖母，下方是一座類環型的階梯，拾級而下有一處山洞，裡面供奉一尊路德聖母，紀念聖母在法國路德的顯聖事件。

　　這裡的視野極佳，非常開闊，可以看到西灣湖、南灣湖澳門旅遊塔、澳氹大橋及澳門島上的幾座大型酒店。

鄭家大屋：恢宏氣派，不虛此行

　　走一趟鄭家大屋，我觀望到了其當盛時期的豐華，感受到了其繁華落盡時的頹敗，見識到了一切歸於平淡後的寧靜，像王維詩中一段「行到水窮處，坐看雲起時。」鄭家大屋建於1869 年，是澳門最大的一座院落式大宅，也是思想家鄭觀應故居。如果在不甚了解其歷史的情況下參觀鄭家大屋，可能覺得就是一家豪門巨賈的大屋，其建材、佈局及裝飾和盧家大屋雷同，但在用心仔細了解後會驚覺，原來中國近代的進步及商業演變都和這裡息息相關。

　　鄭觀應在鄭家大屋完成影響中國深遠的一本鉅作《盛世危言》，主張攘外需自強、自強需致富的理念，並將當時先進的工業化產物鐵路、電報、開礦、紡織等新觀念收錄在這本著作中。其著作對光緒皇帝、康有為、梁啟超、孫中山、毛澤東都起了一定的影響。

內庭及旁邊的通花圍牆也都經過細心的考證

1. 二屋間有過廊相通
2. 榮祿第劃分前庭及內院
3. 鄭家大屋入口處的灰塑門官據說有18個色層
4. 留月門是後來考證再建而成
5. 當時豪宅常見的蠔殼窗

鄭家大屋

地址：龍頭左巷10號（亞婆井前地對面）
電話：（853）2896 8820
時間：10:00～18:00（星期三休館，六、日
及公眾假期有免費導覽）
巴士：18、28B

　　鄭家大屋比起盧家大屋，在佈局上更見其細膩及嚴謹，分為前房區及後房區兩部份，前房為大門、書房、花園、轎道，後房區則是主人生活起居的地方，包括二座青磚大宅，以水巷相隔二棟樓並有過廊相連。整個院落大約有60間房間，在廣式建築形式上堪稱經典，可惜此屋曾數度易主，並曾分租給一般普羅民眾，最高時曾多達3百人同時居住於此，內部的一些陳設及裝飾都曾遭到破壞，也曾遭祝融之災。澳門文化局在當時接收時，鄭家大屋的頹敗景象，和今日相比簡直是天壤之別。來這裡除了看大宅復原後樣貌，其修復過程也相當動人心弦。

141

入口小魚缸

大花園目前已不復當年榮景

灰塑門官

鄭家大屋一進門的右手邊即為灰塑土地門官，比起盧家大屋精雕細琢的磚雕門官，顯得樸素許多。門官的設置大多反應屋主的個人品味及經濟狀況，不過鄭家大屋的門官顯得色彩繽紛，據考究，此門官共有 18 個色層，顯示其歷次修復及上色的過程。

留月門

古代的建築形式上總和月亮有相當的關聯，除了增添風雅，也能突顯屋主的個人品味。鄭家大屋山牆上有留月對聯，通往轎道會經過一處圓型月門，這道月門在當時已不復見，是後來考究時由原址地上的殘跡得到驗證，並加以復原而得的。

轎道

通過月門後即為轎道，由於鄭觀應為官宦身份，所有來訪賓客及轎伕在通過轎道後都要在此下馬。轎道盡頭是榮祿第大廳，過了此廳即是後房區，後房區只有主人能夠進入，其餘人等皆需在此等候。

大花園

大花園屬於前房區的一部份，不過現在已看不到昔日繁花似錦的景象，倒是地上鋪的小麻石值得一提，這是考究澳門早期特有的「石仔路」復原的。

瓦片通花圍牆

從這片通花圍牆可以見到文史工作者對修復這座大宅的用心及考究，他們找來童年曾居住這裡的房客，憑著他們童年時的微小記憶，加上不斷的考究，才以最接近原來的樣貌修復此圍牆。

餘慶堂主廳

　　餘慶堂主廳設置在二樓，在當時的廣式大宅佈局上顯得較稀有。餘慶堂的主廳相當寬闊，門廳採抬樑式結構，更顯氣勢及大器。餘慶堂後方為一天井，除了通風採光尚有風水上的考量，水為財，水落在天井內是為聚財，仔細看，內院的地下排水孔都是古錢幣造型，由此可看出端倪。餘慶堂後方有一造型精美的12扇屏風，是鄭家大屋現存最精美的木雕裝飾。

餘慶堂主廳採抬樑式結構

內院

　　是大宅內和二座大屋平行的一處四方形院落，可以看到二層的西式百葉窗。此院落四方是中式月門及葫蘆窗造型，柱子則採西方的形式，在二層還可以看到廣式大宅常用的蠔殼窗。

內院二層為百葉窗，地層則為各式造型門窗

1. 港務局大樓最大特色即是阿拉伯式拱券
2. 港務局大樓採摩爾式建築風格
3. 港務局大樓建在一處石砌山坡上

港務局大樓

地址：媽閣廟前地媽閣斜巷
時間：09:00～18:00
巴士：1、1A、2、5、6、7、8、9、10、10A、11、18、21、21A、28B、34

港務局大樓：摩爾式浪漫建築

在澳門眾多新古典建築中，伊斯蘭風格的港務局大樓顯得獨樹一格。港務局大樓建於 1874 年，舊稱為摩爾兵營，所謂的摩爾兵其實是來自印度果阿的士兵，當時的澳門曾雇用歐洲的巡邏兵，但歐洲士兵無法適應澳門炎熱的氣候，相較之下來自印度的摩爾士兵則沒這個問題。1873 年首批摩爾士兵加入警隊工作，當局為這些士兵建了這座可容納 200 人軍隊的伊斯蘭風格營房。

原來的摩爾營房現已改制為港務局大樓，現址原面向內港，離海港只有咫尺之隔，由於填海造陸的關係，現在離海港有段距離。港務局大樓建在媽閣斜坡上，底層採用圓形或長條形的花崗石堆砌而成，從側邊看很像蓋在山城上的一座城堡。主體是一座黃白相間的建築，最大的特色即是三面開有阿拉伯式拱券的長廊，對角採挑高的方式，在長水平的廊道上有平衡視覺及不造成壓迫感的效果。拱券立面沒有太多矯情的裝飾，輕綴以三朵葉片的簡單造型，女兒牆則採鏤空的格菱設計，除了增加採光及通風，也讓整體建築顯得更活潑。

目前的港務局仍為市政的辦公場所，內部不開放參觀，不過外面的走廊則歡迎拍照取景，在這裡漫步總有種在異國中的感覺，相當浪漫。

媽閣廟：中國文化傳進西方之門戶

　　媽閣廟位於澳門島西南端，是從議事亭前地沿著世遺足跡參訪的最後一站，也是這條路線唯一一座中國閩南式廟宇。其建成年代約在西元 1488 年至 1605 年間，但實際的建成年代眾說紛紜，不過可以確定的是為澳門最古老的一座廟宇。媽閣廟依山傍海，依地勢座落在媽閣山上，面對澳門內港，外面是葡石拼貼成的葡石廣場，以澳門前地規模來說是數一數二的，這裡也是媽祖節慶時各大陣頭表演的場所。

　　遠處看，媽閣廟呈現一字型，開口在左邊，是一座花崗石砌成的飛簷琉璃牌坊。當然從閩南樣式的廟宇角度來看，媽閣廟宇並不華麗，不過這也顯示其建成年代時的建築樣式。進大門後即為另一座四柱形式的花崗石牌坊，後面是遊客首先見到的第一殿，人稱為「神山第一殿」供奉媽祖，殿旁為百姓祠，神山第一殿右方為「正覺禪林」，是媽祖大殿，也是香火最旺盛的地方。殿內屋簷掛滿了大型的香環，一圈又一圈蔚為奇觀，而殿外的香爐也採用大型立香，給人一種氣度恢宏之感。

媽閣廟為閩式大廟

沿著山上走去尚可見到一座小型石殿：弘仁殿，褚紅色的小殿四周環繞巨石，巨石上有石刻及一些題字，再沿著石階往上走即是觀音閣，在這裡視野遼闊，可以看到遠方的海事博物館及內港。

媽閣廟對澳門人來說，除了是供奉海神的媽祖之外，也是澳門一詞的由來。早期澳門有很多種稱謂，濠鏡、濠鏡澳、濠江、濠海等，其由來不一而足，不過有一種說法卻普遍受到認同，西元 1533 年葡萄牙人初到澳門，在媽閣廟外海登陸，初來乍到不知這裡是何地，詢問在地人得到的回答是「媽閣」，媽閣發音類似葡語的MACAU，於是「澳門」這個稱謂就一直被沿用至今。

往媽閣廟路上，會經過鉅記成立的手信博物館，其外牆設有一些澳門意象的浮雕，也可以走到裡面試吃補充一下體力，再往前走有一隻大型的葡國公雞可以拍照留念，廣場上有小型的紀念品店，也有澳門古早味的攤車「美的雪糕」，再往前即是海事博物館，一路走走看看、吃喝玩樂，這就是漫步在澳門的最大樂趣。

媽閣廟

地址：媽閣前地1號
時間：07:00～18:00
巴士：1、2、5、6、7、10、10A、11、18、21A、28B、N3

1.正覺禪林外觀立面
2.褚紅色的弘仁殿及旁邊的巨石
3.媽閣廟前地車仔檔美的雪糕
4.媽閣廟是澳門人的信仰中心

2
3
1 4

1
2 3 4
5 6 7

1.海事博物館遠看像一艘船
2.一樓主要展示澳門漁民早期生活
3.二樓主要展示葡萄牙航海史
4.小型的水族館

5.三樓天體模擬圖
6.海事博物館露天茶座
7.海事館物館內部

海事博物館
地址：媽閣前地1號
電話：（853）2859 5481
時間：10:00～18:00（逢星期二休館）
票價：成人MOP10元，星期天票價優惠
MOP5元，10歲以下、65歲以上民眾免費。
巴士：1、2、5、6、7、9、10、10A、11、
18、21、21A、26、28B

海事博物館：澳門航海史

　　海事博物館位於媽閣前地旁，是一座三層樓的現代化建築，遠看像一艘船，戶外設有露天茶座及展示區。

　　一樓展出內容主要是體現早期澳門漁民生活，包括漁船、捕魚方法、服飾及造船工具。博物館內採用屋中屋的作法，將早期的小漁村搬到展區內，包括了漁民的傳統節慶。二樓主要展示 15 至 17 世紀葡萄牙的航海歷史，包括當時一些船隻模型，還有當時在澳門機場外海附近水域發現的沈船零件。三樓則是呈現航海技術、海上交通及一座天體模擬圖，來訪朋友可以按燈讓星座顯現在蔚藍的天空。

　　博物館內有一座小型水族館，水族館內有個生態池，能近距離的和魚兒接觸，走出水族館即是露天雅座，可以在此稍事休息規劃下一個攻達的景點。

議事亭前地

清平直街
（杏香園）

成記粥品
（勝利茶餐廳）

路線 8

青磚民居漫步啖小吃

漫步約 2 小時

福隆新街

典當博物館

海邊新街
巴素打爾古街
十六浦酒店
和平大飯店
火船頭街
福源仁街
新豐徑
清華直街
典當博物館
草地大街
杏香園餐廳
新華大旅店
福隆新街
勝利茶餐廳
成記粥品
新厝佳
議事亭前地
民政總署大樓

N
W E
S

福隆新街街道整理的相當整齊

清平直街／福隆新街：發現舊時的燈紅酒綠

　　清平直街及福隆新街位於繁華的新馬路小巷內，很難想像這裡原是近鄰海邊的區段，因為填海造地的關係，陸地往外擴充成了現在的樣貌。

　　走進清平直街也走進澳門早期的繁華歷史，另一個難以想像的是，這裡原是位處澳門最繁華的商業路段，一切都要從當時的富紳王祿、王棣父子談起，他們買下了這一帶的河港並填平為陸地，陸續開設了許多街道及店舖，起初發展得並不是很順遂，直到有人建議他們在這裡開設全澳門第一家戲院「清平戲院」，此後這裡才開始猶如淘金熱時期發現金礦般，人潮快速聚集起來，成了當時最繁盛的商業地帶。

　　全盛時期鄰近的福隆新街、福榮里、宜安街到處青樓林立、紙醉金迷，據說當時的青樓女子各個擁有絕佳的才藝，很多士紳為了得到青樓女子的青睞，銀子也大把大把的花。曾經的繁華盛世因為世事更迭，人去樓空，再加上澳門政府有意的管制，這一帶也隨之沒落，之後澳門政府則規劃了店舖，現在則是手信店及餐廳林立。

　　這一帶因為列為歷史城區的一部份，街上比鄰而建的青磚式建築皆不能隨意改建，尤其福榮里巷內更是讓人彷彿走進舊日的時光裡，街上有幾家維持舊有樣貌的旅店：和平飯店、大利迎賓館、新華大旅店是許多背包客選擇投宿的旅店，一方面因為舊，一方面則是因為這裡的

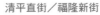

清平直街／福隆新街

地址：清平直街／福隆新街
時間：街道全日24小時；商店、餐廳約為10:30～01:00
巴士：2、3、3A、3X、4、5、6、7、8A、10、10A、11、
18、18A、19、21A、26A、33

福隆新街上的民居也看得到滿洲蠔殼窗的設計　　　　　新馬路上鉅記旁這條小巷即為清平街

1 4
2 5
3 6

交通便利，離議事亭前地也不過咫尺。
值得一提的是新華大旅店是王家衛電影
《2046》的取景地，梁朝偉和章子怡等
大腕都曾在此拍戲。另外像是《伊莎貝
拉》、《蝴蝶》等電影也以此為主要場
景，在電影裡見證了屬於這棟老房子的
歷史價值。

　　人們來到福隆新街也不全然為了懷
舊，手信老店的傳統糕點現場製作總是
吸睛的焦點，還有就是到杏香園嚐嚐道
地的廣式甜品，另一家保健牛奶公司的
燉奶也是旅人們朝聖的名店。

　　更多的餐廳食肆及巷弄小故事則待你
來發掘。

1.手信店現場製作吸引旅人駐足觀看
2.清平直街及新馬路路口為鉅記旗艦店
3.保健牛奶公司也在這裡
4.街上餐廳林立
5.澳門以前是小漁村，現在街坊也可見曬魚乾情景
6.大利迎賓館也會兼賣涼茶

德成按當舖外觀

德成按典當博物館：原來當舖長這樣

　　澳門因為賭場興盛，街坊不難見到大大小小的當舖。當舖是個古老的行業，大約一千五百年前就有，澳門以前的大當舖主要集中在新馬路及清平直街一帶，不過由於時代變遷，這項古老的行業也漸漸式微。

　　德成按開設於民國6年（西元1917年），是當時富商高可寧的物業，1993年當舖結束經營至2000年，其間都一直處於閒置狀態，當時的業主打算將此物業拆除並出售。幸好澳門文化局覺得德成按不論內部陳設及外在樣貌皆保留民國初年時格局，相當具有歷史意義，有意保留，和業主交涉成功，改成典當博物館，目前是政府和民間合作的一間博物館，供遊客及市民緬懷當時的風貌。

　　舊時的當舖分為「當、按、押」三種等級，「當」為規模最大的，當期可達3年，利息相對較低；「按」則次之，當期為1到2年，利息也比「當」稍高；而「押」則是等級比較普遍的，當期為4個月到1年，利息也是最高的，「押」的利息雖然較高，但典當所得的金額也較高，因此一些賭徒及需現款的人大多選擇在「押」交易。

德成按一入門有塊大型紅色擋板，後頭即是票檯櫃，這塊擋板其實是一塊遮羞板，避免來典當的客人被一眼看穿。在以往票檯櫃上會有「朝奉」（又稱為二叔公）來接待，朝奉即是現在的鑑定師。檯櫃上還留有 1967 年當時的月曆、算盤及試金石等，可能大家都聽過試金石但卻沒親眼見過，在這裡有一塊試金石是當作以前鑑定黃金的成色之用。典當有標準的作業流程，物品抵押後接著要馬上包裝及入庫。

德成按是二進房屋，第一進為前檯，第二進則是存放典當物品的貨倉，中間隔著一條冷巷。當舖貨倉又隔成三層用的木材，材質都相當厚重，典當的物品需分門別類，當時典當的物品多為手錶、黃金、電器、首飾及墨水筆等。為了保護這些物品，貨倉的隔局及建築方法都格外的嚴謹，貨樓以堅硬的花崗石砌成，中間還隔著鋼板，牆壁也特別厚，每層貨樓的四面都開有「槍眼」務求做到防火、防水及防盜的功能。

德成按博物館的門票相當特別，是一張 6 個月期滿的當票，拿著當票進當舖，很有身歷其境的感覺。

試金石

典當櫃檯

內部貯藏室戒備嚴密

門票是一張當票

德成按典當博物館

地址：新馬路396號

時間：10:30～19:00（每月第一個星期一休館）

票價：MOP5元

巴士：2、3A、5、7、10、10A、11

153

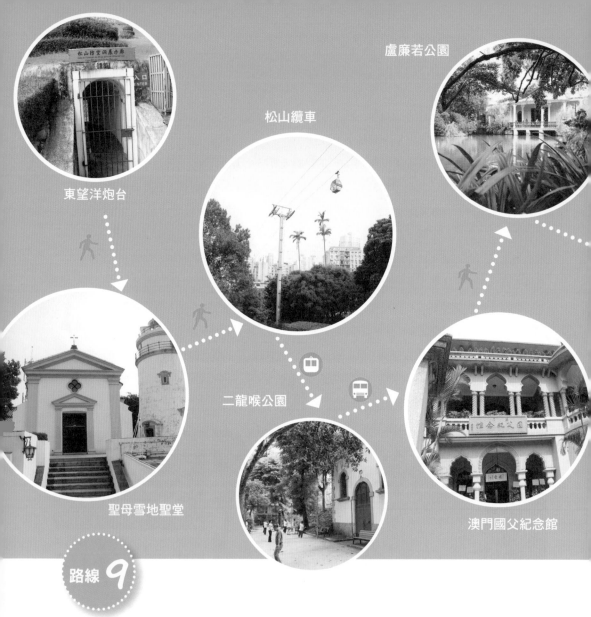

東望洋炮台

松山纜車

盧廉若公園

聖母雪地聖堂

二龍喉公園

澳門國父紀念館

路線 9

舊城纜車×文創風格小旅行

漫步約 5 小時

塔石廣場

仁慈堂婆仔屋

西洋墳場

望德聖母堂

瘋堂斜巷

盧廉若公園

國父紀念館　二龍喉公園

得勝公園

西洋墳場

西墳馬路

塔石廣場

N
W　　E
S

仁慈堂婆仔屋

松山纜車

望德聖母堂

聖母雪地聖堂

東望洋炮台

禮記雪糕

東望洋斜巷

東望洋炮台：珍貴的殿堂壁畫

　　東望洋炮台建成於西元 1637 年間，是澳門制高點，長期以來是軍事重地，目前是世界文化遺產的一部份。前往東望洋炮台有兩條選擇，一是從新葡京酒店後方的山徑上山，於東望洋酒店旁徒步登山（有公車抵達東望洋酒店）；另一條是從二龍喉公園搭乘號稱世界最短的纜車上山，不論選擇哪一條路線，都必須再走一段山徑才能抵達東望洋炮台。

　　東望洋炮台建在一個制高點上，像一座建在丘陵上的堡壘，堡壘底下有防空洞，目前做為展示廊，展示以前防空洞內的真實擺設，這裡也被用做氣象局發佈熱帶氣旋（颱風）的觀測站。山堡入口處展示各種黑色以鐵線纏繞不同造型的風球，這裡有一座十字型的高塔，平時用做懸掛澳門區政府旗幟，熱帶氣旋來臨時則懸掛不同形式的風球，澳門市民只要看到風球就知道氣旋的強弱，風球有 1～10 級，1 級為 T 字型的風球，10 級為十字型風球，10 級為最高級，平均風速每小時 118 公里以上。

和炮塔同時建成的是堡壘上的聖母雪地殿教堂，裡頭供奉雪地聖母，外觀是葡萄牙的修道院形式，白色為主色飾以黃色滾邊裝飾，空間不大，是一條長方型的廊道。一入口地面崁有一座紀念碑，用強化玻璃保護起來，神龕為精美的斷山花形式，底下是聖母抱聖子的聖像，左側還有一間祭衣房。

雪地殿教堂是我認為澳門最為神祕與藝術感的教堂，1996年澳門政府在為這座教堂修復時，發現在整座拱型的壁面裡層還藏有各式彩繪壁畫，像是聖母、聖人、獅子、老鷹及植物等，經證實是融合中西文化的罕見藝術作品。澳門政府於是展開修復工作，針對每個色層做交叉比對，以復舊如舊的標準請藝師重新修復，為了保護原作的色彩，裡頭禁止拍照，整個地層也用木板隔離。

聖母殿旁邊即是東望洋燈塔，這座燈塔建於西元1864年，外觀為黃白相間，下寬上窄的直桶造型，夜裡發出的二條光束，在東望洋山一帶是鮮明的標記，也是中國沿海地區最古老的一座現代燈塔，澳門在世界地圖上的座標值，也以此燈塔為主，其地位不可言喻。燈塔內部為一座螺旋梯，可以到達頂層的探燈，不過目前不開放給遊客參觀。

松山防空洞展示廊
時間：10:00～17:00（逢星期一休館）

東望洋炮台
地址：東望洋山
時間：09:00～17:30、10:00～17:00
（聖母雪地殿教堂）
巴士：6、28C、H1

1.夜裡的東望洋燈塔
2.熱帶氣旋來臨掛風球景象
3.東望洋燈塔
4.東望洋燈塔展示的熱帶氣旋風球
5.松山防空洞展示廊

1 2 3
4 5

157

1.松山纜車從公園入口至山頂只需1分20秒　2.松山纜車全程只有186公尺　3.公園裡晨運的澳門市民

二龍喉公園／松山纜車：遇見澳門在地人

　　二龍喉公園又名何東花園，得名來自公園正門那口有兩隻石雕動物的吐水水泉，澳門民眾及營業茶室總喜歡來這裡取泉水回去泡茶飲用，不過現在泉水已枯竭，目前只是裝飾功能。二龍喉原為澳門總督官邸所在地，後由富商何東買下，於西元 1959 年改建成公園。

　　公園入口處設有一座纜車，全長只有 186 公尺，從公園入口到松山山頂只需 1 分 20 秒，每節車廂大約能乘坐 4 名旅客。因為松山上方尚有綜合運動場、兒童遊樂場及健身設施，所以澳門民眾也常搭乘這條路線，不搭纜車，沿著纜車行進方向往山上爬亦能到達山頂。從這裡也能通往東望洋炮台，沿途可以看到當時建造的三條防空洞隧道，其中一條位於炮台平台下方開放遊客參觀。

　　二龍喉公園內設有圈養的動物園，也是平日澳門居民活動的地方，清晨開始就有團體及個人不斷湧進這裡做晨操。相當有趣的是，在此可以非常貼近澳門人的真實生活，做晨操的方式千奇百怪，比較流行的是倒退走路，還有諸如凌波微步、武術功夫、扇子舞、單腳站立、放空冥想、打太極等，這些招式我一時也說不清，你得起個大早來才能了解箇中奧妙。

　　下午則換成親子時間，許多上夜班的上班族會帶小朋友來公園跑跳，享受親子時間，外勞也會推著阿公、阿嬤來這裡散步，公園入口處有幾家「柑仔店」，學生放學也會在這裡買零食，相當生活化的公園。

二龍喉公園

地址：澳門士多鳥拜斯大馬路
時間：06:00～20:30
巴士：2、2A、6、12、17、18、
18A、19、22、23、25、25X、32

松山纜車

纜車時間：8:00～18:00
（逢星期一休息）
票價：單程車票MOP 2元、
　　　雙程車票MOP 3元

澳門國父紀念館為摩爾式建築

國父紀念館：
澳門唯一可懸掛中華民國國旗的地方

　　參觀澳門國父紀念館有幾項新鮮的體驗，首先是這棟建築宗教意味濃厚，在當時民居普遍採用南歐新古典或是廣州青磚式建築樣式中，算是較另類的建式。這裡是唯一可以展示中華民國青天白日滿地紅國旗的地方，總讓人倍感親切，國父對我們來說只是課本裡的一位偉人，進到紀念館可以看到他不同時期的照片、居住的空間、日常生活使用的家具、杯盤器皿，以及國父在廣州擔任大元帥時期的多項珍貴文物，好似時光交錯的感覺，真實中帶點遙遠的距離感。

　　這是一座最早建於 1918 年的建築，一開始做為國父及元配夫人盧慕貞及長子孫科等人在澳門的寓所，1930 年附近的總督火藥庫爆炸波及這棟屋舍，當時孫科利用這筆賠償金改建成現今伊斯蘭風格的摩爾式建築。也許大家和我有相同的疑問？為何國父的居所會建成這種伊斯蘭的樣式！其實澳門在 19 世紀前都是中國主要對外的國際港口，貿易吸引世界各地的人前來，歐、亞、非、美四洲文化在此匯聚，這些混合的文化也反應在當時的民居上。

國父紀念館外觀　　　　　　　　　國父孫中山先生英姿　　大門門楣博愛字畫是中山先生送給松本烝治（1877-1954）的禮物

摩爾人原是指居住在北非的阿拉伯人，曾統治安達魯西亞地區長達8百年，擅於使用瓷器，在建築上巧妙的混合了伊斯蘭及基督教的風格。以國父紀念館為例，首先可以看到建築外觀採用大量的馬蹄型及荷葉型拱券，外觀樣式簡潔，沒有人物及鳥獸的紋飾，大致就是一些幾何及花葉的圖形裝飾；再來就是柱子及樓梯扶手柱也採用類似藤蔓的華麗樣式；還有一個特別的是這棟豪宅內採用回教式的現代化浴廁，有自來水水龍頭、沖水馬桶、回式淨盆及瓷磚貼牆，在當時都是高級工法。

澳門國父紀念館隸屬於中華民國（台灣）的產權，目前也是台澳文化交流的場所，很多台灣藝術家選在這裡展覽作品。紀念館一樓閱覽室擺著好幾幅宣傳台灣觀光的旗幟，基於愛台灣、愛中華民國的理由，來澳門肯定要來這裡走一遭。

國父紀念館

地址：澳門文第士街1號
電話：（835）2857 4064
時間：10:00～17:00（逢星期二休館）
巴士：2、2A、5、9、9A、12、16、18、18A、19、22、25、25X、28C、N2

1.位於一樓的小型圖書館
2.國父紀念館是澳門唯一可以展示中華民國國旗的地方
3.伊斯蘭式的廁所
4.孫中山先生當時使用的家具仍完整保留

1
2 3 4

1.公園入口處的屏山鏡樓門
2.公園裡有一座湖，前方建築為展覽廳
3.夏日荷花池裡荷花盛開

1 2
3

盧廉若公園
地址：羅利老馬路、荷蘭園大馬路交界
電話：（853）2831 5566
時間：06:00～21:00
巴士：2、2A、5、8A、9、9A、12、16、22、25、
25X、28C、N2

盧廉若公園：蘇州庭園風格，港澳唯一

　　盧廉若公園及盧家大屋都是屬於同一個家族的物業。盧廉若公園早期稱為娛園，當時是目前規模的 4 倍大，這座園林早期為澳門八景之一，更是港澳地區唯一一座蘇州式園林，裡頭亭台樓閣、小橋流水、曲徑通幽，一景一瓦都別有韻味。始建於西元 1904 年，花了 20 年才陸續完成細部建設工程，於 1973 年被澳門政府購置並對外開放。

　　早晨訪盧廉若公園，小樓間傳來絲竹古樂及古典吟唱聲，讓人彷彿進入那時江南的私家園林。蘇州園林的發展其實和創造一個暫時與世隔絕的環境有相當大的關係，大戶人家在商場上、在政治上的爾虞我詐，總希望能有一處忘卻喧囂的地點，讓自己沈澱，因此這種有道家及文化底蘊的園林設計，就是讓自己在城市間回歸自然的最好去處。

　　盧廉若公園承襲經典的蘇州園林設計，特色就是園內造景無法一眼看穿，一景一物從各個角度欣賞都別有意涵，行進間總有柳暗花明又一村之感。園內遍植竹子、荷花、柳樹、赤桉、水松，一年四季展現不同風情，凸顯文人雅士的優雅品味。

　　庭園中央有一座湖，四周綠蔭濃密，湖前有一座中西合壁的建築，現在是展覽廳。西元1912 年國父曾經下榻於此春草堂，在此會晤當時的澳門總督、主教等中外人士。

西洋墳場中的聖彌額爾小堂

西洋墳場：美麗的天使雕像

　　西洋墳場成立於西元 1854 年，早期做為澳門葡萄牙人死後安身之地，原來這裡地處偏僻，但隨城市發展及都市更新，變成了都會中的一座墳場。西洋墳場裡到處都有精美的天使雕像，其中不乏百年古董級的十字架，這裡安葬很多澳門名人，包括澳門首位華人主教林家駿、賭王何鴻燊元配夫人黎婉華等人。

　　西洋墳場另一個亮點是墓園中央的一座青白色的聖彌額爾小堂，聖彌額爾是聖經故事中率領眾天使抵抗撒旦的使者。祂常以左手持天秤，右手持劍的造型出現，祂是士農工商多種行業人士的主保，被喻為眾天使之首，在此成立聖彌額爾小堂有帶領亡者上天堂的涵意。

西洋墳場

地址：澳門西墳馬路
電話：（853）2837 2804
時間：08:00～18:00
巴士：7、7A、8

西洋墳場裡有眾多精美的天使雕像

塔石廣場：澳門最大的廣場，葡風大屋集中地

　　塔石廣場為澳門最大的一座廣場，也是節慶活動舉辦的地方，原為塔石球場，球場拆除後擴大為現今的規模，是集娛樂、商場及休憩於一體的多功能區域。塔石廣場是文化局、中央圖書館所在地，文化局是二層的拱券造型，中央有突出的三角門楣，整體以黃、白顏色呈現，帶給人柔美之感。中央圖書館也是二層樓直排式造型，下層為拱券飾以葡式百葉窗，上層有圓型及方型科林斯柱式撐起的拱券，頂層則以瓶柱型鏤空式牆面呈現，主體顏色以較深穩的咖啡及黃色系為主。

　　塔石廣場地面採用葡式花紋的碎石鋪成，漫步其間相當具有南歐風情。這裡也是中繼站，可以前往瘋堂斜巷、西洋墳場、茶文化館、盧廉若公園、國父紀念館，離大三巴牌坊亦不遠。

塔石廣場上的澳門文化局

塔石廣場周邊有很多葡式民居

塔石廣場旁邊小巷

左邊這一棟為澳門中央圖書館

塔石廣場
地址：塔石廣場
時間：全天24小時
巴士：2、2A、4、7、7A、8、8A、9、9A

塔石廣場是澳門最大的廣場

瘋堂斜巷：澳門文創發源地

　　瘋堂斜巷位於澳門望德堂區，早期這裡聚集了為數眾多的華人教徒，首任天主教澳門教區主教賈尼勞來到澳門，創建了仁慈堂、辣撒祿痲瘋病院，並在痲瘋病院旁興建一座用簡易木頭搭成的聖辣撒祿教堂。1576 年羅馬教廷在此設立教區，這裡是當時的主教座堂，也是望德聖母教堂的前身，由於當時此區有很多痲瘋的病人，因此這裡又被稱為瘋堂。

　　如果你曾造訪仁慈堂博物館，一定對博物館會議廳中央那位穿紅衣的主教及其下方的顱骨印象深刻，沒錯！他就是澳門首任主教賈尼勞。

　　這些年澳門致力於發展文創產業，包括服裝設計、人文意象、文化創意、表演藝術等。婆仔屋目前是做為展覽、表演及文化創意空間，積極培養在地人才，是澳門文創啟蒙地，在仁慈堂婆仔屋及望德堂區創意產業促進會的帶動下，愈來愈多文創相關團體投入此區，像是 G32、G17、時尚廊及澳門故事館。

在小巷裡尋寶，每次都有收穫

望德聖母教堂前身為聖辣撒祿教堂

大瘋堂藝舍位於望德堂聖母院對面，骨瓷般的外型是這裡最美的風景之一，此地也曾是杜琪峰電影《放逐》的拍攝場景之一。早期為青少年活動中心，現在則同樣肩負起發揚澳門創意產業發展的重責大任，也是一處文物展覽空間；另外瘋堂十號則是多元的展覽空間，設有 2 座展覽廳及 10 間展覽室，讓創作者有一個展示作品的展覽空間。

漫步於瘋堂斜巷，除了欣賞曾是澳門第一座主教座堂的望德聖母教堂，斜巷上的建築樣式也是美不勝收。另外這裡濃厚的藝文氣息，也可讓到訪者見識澳門新一代的文創生命力。

禮記雪糕在瘋堂斜巷附近

愈來愈多文創相關團體投入此區

望德堂區瘋堂斜巷
巴士：2、2A、5、9、9A、12、16、22、25、25X、N2

大瘋堂藝舍
地址：瘋堂斜巷7號
電話：（853）2835 3537
時間：14:00～18:00（逢星期一休館）

仁慈堂婆仔屋
地址：瘋堂斜巷8號
電話：（853）2852 2550
時間：12:00～19:00（逢星期二休館）

瘋堂10號創意園
地址：瘋堂斜巷10號
電話：（853）2835 4582
時間：11:00～18:00（逢星期一休館）

禮記雪糕
地址：澳門肥利喇亞美打大馬路12號
電話：（853）2837 5781
時間：12:00～22:00

瘋堂斜巷7號大瘋堂藝舍

澳門旅遊塔

澳門藝術博物館

澳門科學館

觀音像

澳門回歸賀禮
陳列館

極限刺激新奇之旅

漫步約 8 小時

大賽車博物館

漁人碼頭

金沙酒店

金蓮花廣場

葡萄酒博物館

大賽車博物館

葡萄酒博物館　　　　港澳碼頭

金蓮花廣場

雅廉訪大馬路

金沙酒店 🅗　　漁人碼頭

友誼大馬路　　　　　澳門回歸賀禮陳列館

宋玉生廣場　　　　　🅗 萊斯酒店

澳門藝術博物館

孫逸仙大馬路　　觀音像　　澳門科學館

🅗　　　　　N
美高梅酒店　W ◎ E
　　　　　　　S

港珠大橋

🅗 澳門旅遊塔

旅遊塔觀景台透明玻璃走道　　　　　　　　澳門旅遊塔高達338公尺

澳門旅遊塔：驚險刺激

　　澳門觀光旅遊塔高度 338 公尺，位於澳門島南方南灣湖之畔，是集觀光、購物、會展、極限運動於一體的綜合娛樂場所。旅遊塔最著名的活動是位於 61 樓的各項極限運動，包括高空彈跳（笨豬跳）、高飛跳、空中漫步 X 版及百步登天。

　　高空彈跳發源地始於太平洋西南萬那杜共和國（Republic of Vanuatu）島國，在其彭蒂科斯特島上，青少年喜歡用當地特產的藤蔓綁住雙腳，並從高達 30 公尺處一躍而下證明其勇氣及膽量。1980 年代現代高空彈跳的發明者 AJ Hackett 在旅遊當地時發現此一活動，並致力於讓這項活動現代化及商業化，而澳門旅遊塔的各項刺激活動就是由他所設計。

　　旅客可以購票參觀位於 58 樓的觀光主層，並到 61 層參觀極限運動活動者的情況，也能到 60 樓的 360 度旋轉餐廳用餐；參觀完後在地下二層出口處有澳門佳作當地設計師的文創商品可以選購。

旅遊塔觀景台

旅遊塔B2有一家專賣文創商品的澳門佳作

觀景台透明玻璃踩在上面讓人腳底發涼

一樓蓮花廣場

一樓裝置藝術

高空彈跳不是人人都敢勇於嚐試　　　笨豬跳挑戰成功　　　　　　　　空中漫步X版相當驚險刺激

笨豬跳

目前被列入金氏記錄是全球最高的高空彈跳（笨豬跳 Bungy Jump），彈跳者從跳台一躍而下時會以時速近2百公里的速度墜落，全程有攝影機錄影。參加者可以選購限量版T恤、證書、影片及相片。

票價：MOP3488元

高飛跳

高飛跳（Sky Jump）和高空彈跳不一樣，參加者往下跳時輔以速度控制滑落，17秒瞬間從塔頂墜下，可以讓參與者體驗如同在233公尺高空中凌空飛翔的刺激感，現場最多人選擇此項活動。

票價：MOP2588元

空中漫步X版

空中漫步（Sky Walk）是澳門旅遊塔極限運動的入門款，刺激好玩，就是在61層的戶外環型走廊上行走，戶外沒有任何的欄杆措施，只靠身上的安全衣及上頭的滑輪固定。參加者每隊都會指派一名教練，協助拍照及提供各種新鮮點子的玩法，例如坐在地板上腳伸出於空中，或是向前傾倒，或是在環型走廊上奔跑等，讓參加者驚喜連連。

票價：MOP788元

澳門旅遊塔官網

百步登天

百步登天（Tower Climb）每天 11:30 及 15:30 兩個時段，由導遊帶領攀登全程垂直 105 公尺，高度達 338 公尺的旅遊塔尖頂，全程約 2 小時。這項活動吸引了愛表現的極限運動愛好者，有人穿結婚禮服登頂，有歌手穿秀服登頂，攀登者可以盡情的展現自我的獨特風格。

票價：MOP2288元

旅遊塔58及61層

地點：澳門旅遊塔
時間：10:00～21:00（星期一至五）、09:00～21:00（週末及公眾假期）
門票：MOP145元

360度旋轉餐廳

時間：11:30～22:00
電話：（853）8988 8622
費用：午餐MOP278+元、下午茶MOP198+元、晚餐MOP500+元
巴士：8、10、11、21A、23、26A、32

克里斯挑戰百步登天成功

教練會設計很多驚險刺激的動作

參加各項刺激節目都要先做好安全準備

科學館造型宛如一顆龍宮貝，環型高塔為觀景台

澳門科學館：貝聿銘建築作品

如果你知道東海大學路思義教堂的建築師，那你不能不知道，澳門科學館的建築師和路思義教堂是同一位，就是大名鼎鼎的貝聿銘。

澳門科學館位於新口岸新填海區，鄰近澳門文化中心、藝術博物館及觀音像，其外觀猶如一枚龍宮貝的進化版，時尚摩登的造型總是吸引著遊人的目光。澳門科學館是澳門首座、也是首座以科學為主題的展覽館，除了展覽館尚有會議及會展中心，先進的天文館設有 2D 及 3D 的球幕節目。

進入龍宮造型的內部，首先映入眼簾的是中國航天飛梭「神舟號」，跟來訪民眾展示中國的航太實力，2009 年科學館開幕時，當時由中國國家主席胡錦濤主持開幕，各界都相當重視。

展覽廳的設計及動線相當新穎，像是一組螺旋往上的 DNA，14 個展廳由底層慢慢的螺旋上去，饒富趣味。我印象比較深刻的像是 4 樓的兒童科學廳，好像來到小小童話世界；7 樓的機

兒童科學廳好像來到童話世界　　　觀景塔很適合看夕陽　　　從科學館可以看到觀音像

械人廳則可以挑戰機器人，走進機械人世界；10 樓的氣象廳能
站在藍布螢幕前學習電視氣象主播報氣象；13 樓的運動競技廳
還能在裡頭打籃球。

　　除了展廳，展廳龍宮貝頂樓還有一個很棒的設計，走過一座長
型天橋可以來到一個 360 度的觀景台，在這裡能看到金沙酒店、
文化中心、觀音像、旅遊塔及各大酒店等，是欣賞夕陽的好地方，
貼心的是觀景台旁邊就有一座手扶梯可以搭乘直達一樓。

　　澳門人參觀科學館免費，遊客是 MOP25 元，不過如果持澳門
通不用買票，直接刷卡進展場則是 MOP15 元，算是一個省錢的
絕竅。

澳門科學館

地址：孫逸仙大馬路澳門科學館
電話：（853）2888 0822
時間：10:00～18:00（星期四休館）
票價：展覽中心MOP25元、2D球幕
MOP60元、3D球幕MOP80元
巴士：3A、8、10A、12

科學館展覽廳內部

1 2
3

1.澳門回歸賀禮陳列館入口
2.回歸賀禮陳列館展區通道
3.澳門回歸賀禮館外觀

澳門回歸賀禮陳列館：中國巧奪天工的工藝品全在這

　　澳門回歸賀禮陳列館，鄰近澳門金沙酒店、澳門文化中心及澳門藝術博物館，是一棟3層樓的展覽空間，珍品展覽在2樓，還設有一座可容納200人的展覽廳，主要用做澳門1999年從葡萄牙政權移交回歸中國，中國國務院、香港及中國各省所呈現給澳門的賀禮，共33件。

　　這33件賀禮都相當有可看性，主要是各個省份在製作賀禮時按照當地所產的礦石或人文工藝所製作出來的禮物，每件都別出心裁，相當值得參觀，像北京是呈現宮廷採用的雕漆盤，福建為壽山石的大型石雕，四川為熊貓圖案的蜀繡屏風。另外還有江澤民手寫的「開創澳門新紀元」字畫，件件精彩，而且極具特色。

參觀澳門回歸賀禮陳列館，建議的動線是搭乘威尼斯人系統酒店的專車至澳門島的金沙酒店，之後可隨機參觀澳門回歸紀念碑、漁人碼頭、藝術博物館、回歸紀念館、澳門科學館，觀音像，最後走到美高梅酒店甜品坊用餐及吃下午茶，由大堂前坐計程車到下一站，或是走到永利酒店及葡京酒店（以上皆為步行行程）。

```
       1
   2  3  4
   5  6  7
   8  9 10
```

澳門回歸賀禮陳列館

地址：澳門洗星海大馬路237-285號
電話：（853）8504 1800
時間：每日10:00～19:00（星期一休館）
票價：免費
巴士：3A、8、10A、12、17

1. 山西省賀禮：核桃木雕鶴雀樓
2. 天津市賀禮：24K金鑲嵌迎屏漆畫蓮年有餘
3. 江西省回歸賀禮：景德鎮瓷瓶百荷圖
4. 湖北省賀禮：編鐘～普天同慶
5. 四川省賀禮：蜀繡屏風九寨溝大熊貓圖

6. 河南省贈禮：獨山玉雕九龍璧
7. 左：陝西省賀禮鑄銅雕塑八極元和／右：貴州省賀禮鑄銅鑲寶石雕塑歡樂鼓
8. 回歸賀禮館周圍環境不錯
9. 賀禮館展區內部全景
10. 北京市贈禮：雕漆盤花好月圓

藝術博物館對面文化中心內部

澳門文化中心 x 澳門藝術博物館：感受文化氣息好去處

　　澳門文化中心及澳門藝術博物館、回歸賀禮陳列館都屬同個區域，可搭乘酒店免費接駁車至澳門金沙酒店，再步行前往，步行時間約 12 分鐘，主要參觀藝術博物館，藝術博物館樓高 5 層，內設 5 個展覽館及 2 個展覽廳，1、2 樓通常做為特展廳，3 樓主要展出早期西洋繪畫及澳門的藝術作品，4 樓為中國書畫及陶瓷展示廳，參觀動線及造型和台灣的鶯歌博物館類似，都是由走道底層依序參觀到頂層後，再由頂層搭電梯或走路下來。

　　喜歡藝術的朋友，這裡還設有一處專門提供文物、藝術書籍及雜誌的圖書館，免費開放進場；場外環境區域規劃的不錯，採開放式空間設計，雖然面積不能說很大，但在寸土寸金的澳門，算是相當大手筆的。

藝術博物館常會舉辦一些不錯的特展及藝文活動，內有演講廳，整體規劃的相當好，零層有間和北京故宮合作的紀念品店，主要銷售故宮文創紀念品、陶藝品、書畫、畫冊及馬克杯，相當值得造訪。

1 2
3 4
5 6 7

1.三樓主要展出早期西洋繪畫及澳門的藝術作品
2.專題展覽廳，故宮武備精品展服飾
3.專題展覽廳，當時正在展出故宮珍藏的清代武備精品展
4.四樓為中國書畫及陶瓷展示廳
5.6.7.專題展覽廳，武備精品展書畫

澳門藝術博物館入口

澳門藝術博物館
地址：澳門冼星海大馬路
電話：（853）8791 9814
時間：每日10:00～19:00（星期一休館）
票價：免費
巴士：3A、8、10A、12、17

漁人碼頭聚集多國建築於一處

漁人碼頭：異國風情濃厚

　　除了在新穎的酒店及古樸的澳門巷弄裡逛街，漁人碼頭也是一個好去處。漁人碼頭位於金沙酒店對街，鄰近還有澳門回歸紀念碑廣場。如果在氹仔島可以乘坐威尼斯人酒店接駁車於金沙酒店下車，只需過個馬路即可抵達。

　　漁人碼頭是澳門首座主題式綜合娛樂區，由賭王何鴻燊及周錦輝投資興建，整座園區佔地廣闊，有酒店、賭場、餐廳、紀念品店，還有一座可容納 2 千名觀眾看表演的古羅馬競技表演場，常有各種表演在此登場。最吸引人的莫過於歐風主題街道，羅列著美國、義大利、葡萄牙、西班牙、荷蘭及非洲等建築群，走在上頭洋溢著濃濃的異國風情，這裡也是婚紗攝影喜歡取景的地方。

　　園區內設有高爾夫球接駁車，遊客可以從門口一直坐到勵駿大道最底部，再沿路散步回來。勵駿大道底部為萊斯酒店，是澳門首座精品酒店，房間數只有 72 間。萊斯酒店設計風格不論內外皆採維多利亞式風格，外觀是一座 4 層樓藍、白混搭的建築，淡淡的藍色讓人彷彿沐浴在海風裡，而且每間房間都有讓旅人嚮往的露台。走進大廳可以感受到維多利亞時期的設計

風格，大理石石板、巨型水晶吊燈、古典的家具及畫作，最讓人驚艷的則是那座落地的迴旋樓梯，高雅氣派，彷彿讓人走進歐洲的豪門莊園裡，到處充滿復古又奢華的氣息。

萊斯酒店很大方，歡迎朋友入內拍照，我想如果 Cosplay 的朋友知道這個美麗又友善的地方一定欣喜若狂。如果想在這裡悠閒一下，大廳怡景餐廳提供的英式下午茶是一個不錯的好去處。

好像走在異國街道

漁人碼頭異國風格濃厚

萊斯酒店：澳門第一家精品酒店

漁人碼頭
地址：漁人碼頭
時間：全天24小時
巴士：3A、10A

漁人碼頭羅馬競技場

179

大賽車博物館館藏

大賽車博物館：賽車迷瘋了

　　每年 11 月澳門最大的年度盛事非格蘭披治賽車錦標賽莫屬，來自世界各地的車手及觀禮者匯聚於此，大街小巷開始架起一座座看台，一些景觀比較好的餐廳也都推出用餐看賽車的活動，可說是相當熱鬧。

　　想要體驗賽車季時的盛況可以到大賽車博物館，澳門格蘭披治的由來是由三位葡萄牙籍的澳門人發起的，他們覺得在澳門這個狹小又迂迴的城間道路賽車一定很酷，而且澳門的街道和摩納哥的賽道十分相似。在此構思下，其中一名叫施利華的竟異想天開和當時香港汽車體育會的保羅・狄太聯繫，沒想到保羅・狄太認同他們的想法，並赴澳門和他們認真的洽談，在各界及警界的幫助下，第一屆澳門格蘭披治大賽於 1954 年舉行。

各式各樣的賽車　　　　　　　　　　　　賽車手簽名

比賽進行中賽車維修的情況　　　　　　賽車與賽車手

早期的古董車　　　　　　　　　賽車手的紀念衣服

　　大賽車博物館的成立主要是紀念格蘭披治賽車成立40週年，展館內保留各個時期值得紀念的物品，包括第一屆格蘭披治 Triumph TR2 紀念車、車神舒馬特的獲獎車、各式各樣的賽車、重型機車、車手穿戴的衣物、獎盃等，都附有詳細的解說，另外還有頗富年輕人喜愛的電子互動區。

　　參觀完大賽車博物館別忘了順便逛一下紀念品店，也許可以找到你心儀的紀念品。

大賽車博物館

地址：高美士街旅遊活動中心
（近金沙酒店及盛世蓮花廣場）
電話：（853）8798 4108
時間：10:00～18:00（星期二休館）
巴士：1A、3、10、10B、10X、
23、28A、28B、28BX、28C、32
備註：配合「大賽車博物館」擴建工程，博物館於2017年7月1日起對外關閉直至另行通知。

葡萄酒博物館：品嚐三杯葡國酒

　　葡萄酒博物館位於賽車博物館的正對面，是一處集寓教於樂的好地方，而且可以品嚐來自葡萄牙的紅酒。全區分為三處展館，分別為釀酒歷史區、酒類收藏區、酒類陳列區。釀酒歷史區主要介紹葡萄酒的起源，古埃及葡萄園到酒神的傳說，以圖表的方式展示，讓來訪朋友更了解葡萄酒的文化；酒類收藏區則展示各式各樣的釀酒工具、橡木桶及各種器皿等，在這裡還有一幅 18 世紀的葡萄牙彩繪磁磚；最經典的莫過於酒類陳列區，這裡展示來自葡萄牙各個產區超過 1115 個品牌的葡萄酒，

各種年份的葡萄酒展示

其中一瓶 1815 年的波特酒被視為館藏珍品。有趣的是整個長龍的展區，展示各式各樣葡萄牙鄉間的各種傳統服裝，可以藉此深入了解葡萄酒產區的多姿文化。

品嚐的酒品皆可在附設小商店裡購得

現場會有品酒師為你解說

　　參觀的壓軸則是品嚐葡萄酒的活動，在這裡提供超過 50 款新釀美酒，每週更換十餘種不同品牌的美酒佳釀，透過現場美女品酒師的介紹，可以選擇紅酒、白酒、波特酒共三款，藉由品酒過程，更加了解如何從色澤、氣味及甜度選擇適合自己的葡萄酒款，出口處還有機會將這些適合自己的酒款買回家。

葡萄酒博物館
地址：高美士街旅遊活動中心
（近金沙酒店及盛世蓮花廣場）
電話：（853）8798 4108
時間：10:00～18:00（星期二休館）
巴士：1A、3、10、10B、10X、23、28A、28B、28BX、28C、32
備註1：大賽車及葡萄酒博物館互為對面，皆為免費參觀；葡萄酒博物館品酒券一杯MOP10元、三杯MOP15元
備註2: 配合「大賽車博物館」擴建工程，葡萄酒博物館於2017年7月1日起對外關閉直至另行通知。

1.各種酒器展示
2.展示區展示各種製酒的器具
3.現場展示各種葡萄酒及葡萄牙傳統服飾
4.座椅區可以坐下來休息及品酒

1
2
3
4

Capítulo IV

氹仔、路環跳島小旅行

小漁村 X 大熊貓館 X 安德魯餅店 X 碧海藍天

氹仔及路環原是兩座隔海的島嶼，對於澳門人來說，路環早期是座離島，交通全靠船隻接駁，現在陸地雖然相連起來，交通也相對便利，不過由於路環較少開發，至今仍保有小漁村的樸實風情。大熊貓館就位於環境清新的路環島，此外旅人朝聖地安德魯餅店也在此。這裡也是澳門人休閒的後花園，每到假日總是湧進大批到海邊度假的人潮。氹仔島雖被大型娛樂場佔據，不過舊城區仍保有原始風貌，美麗的南歐小鎮真實在此呈現，漫步歐風巷弄，體驗土葡人的生活，買手信是旅人最愛的活動。

大利來豬扒包

官也街
（誠昌飯店、晃記餅家、
莫義記大菜糕）

官也墟

路線
11

葡國大屋、官也街手信之旅

漫步約 3 小時

嘉模聖母堂

龍環葡韻

官也墟

德成街

官也街

大利來記

公雞葡國餐廳

施督憲正街

地堡街

光復街

龍環葡韻

嘉路士米耶馬路

嘉模聖母教堂

告利雅施利華街

北帝廟

和麗女神噴泉

N
W   E
S

官也街入口

官也街：熱鬧手信街

　　官也街（Rua do Cunha）是澳門第一條行人專用區，目前是遊客最喜歡前往的手信街，算是一級戰區。官也街的崛起有幾個因素，早期因為晃記、鉅記餅家、莫義記大菜糕及誠昌飯店等知名店家常駐於此吸引遊客，又鄰近大利來豬扒包、龍環葡韻、嘉模教堂、咀香園餅家等，成了遊客必來朝聖的地點。

　　現在則有愈來愈年輕化的趨勢，像是文創商店「官也墟」、咖啡店、化妝品及飾品店也大舉進駐，鄰近大型酒店像是威尼斯人度假村、銀河酒店等住宿旅客，因為地利關係選擇到此選購伴手禮，澳門百老匯及新濠影滙更提供免費接駁車，讓官也街盡享地利之便，每到黃昏整條街擠得水洩不通。

　　官也街上有幾家老牌名店，成立於清光緒32年的晃記是家老字號，全澳僅此一家別無分店，而且在眾多手信店中也是獨樹一格，是唯一不設試吃的一家餅店，不過每天門前依然大排長

龍。如果你吃膩了各大街頭的大型餅家，想要轉送獨一無二的手信，晃記是很好的選擇，最知名的首推肉切酥，每天限量供應，另外像雞仔餅、杏仁餅、脆皮金桃酥等也都相當受歡迎。

老字號莫義記大菜糕也有很多擁護者，大菜糕其實就是台灣的燕菜，一種類似膠質果凍的產品，只不過莫義記生產的口味相當多元，像是菠蘿、咖喱、綠茶、燕窩、芒果等各式各樣的口味，比較受歡迎的還有木糠布甸、榴槤雪糕及楊枝甘露等產品。

大利來記豬扒包（官也街公雞葡國餐廳斜對面）

地址：澳門木鐸街37號45 R.
電話：（853）2882 7150
時間：08:00～18:00

1.官地墟壁畫 2.鉅記餅家的老廣告
3.官也街公雞葡國餐廳 4.必達士木糠布甸

1 2
3 4

氹仔市集

地址：消防前地（官也墟前）
時間：每星期日11:00～20:00
備註：約三十多攤銷售文創商品、紀念品、包包等小市集
巴士：11、15、22、25、25X、26、26A、28A、30、33、34、35、MT1、MT3

官也街大利來記

官也街也開始進駐一些美妝店

晃記餅家為百年老店

莫義記大菜糕為官也街名產之一

誠昌飯店以其水蟹粥聞名，現在在對街巷內也開了一家分店以消化過多的饕客。水蟹粥因為份量頗大，適合人多的時候一起共食，不過印象中有買過個人份的外帶水蟹粥，差別在於外帶餐盒裡頭不會有一整隻的水蟹。

貓屎咖啡則是新興的一家咖啡店，以提供外帶為主，主要是銷售產自印尼麝香貓咖啡為基底的各種咖啡，有不少擁護者。如果想買千層型的木糠蛋糕，不妨到官也街上的必達士咖啡店，它們有提供外賣服務，建議購買木糠蛋糕，因為唯有千層的製作方式才擁有最佳口感。

和麗女神噴泉

位於地堡街（官也街附近）巴波沙總督前地，有一座和麗女神噴泉，其實它是座飲水噴泉，全澳門共有二座，另一座在八角亭旁公園裡。如果大家對金城武長榮航空廣告有印象，他坐在巴黎莎士比亞書店前長椅的場景，書店前就有一座一模一樣的噴泉，此噴泉原名叫華萊士噴泉（fontaines Wallace），原是英國收藏家，為了解決巴黎在戰爭後造成的民生飲水問題，親自設計並請雕刻家雕刻，放在巴黎街頭供市民免費飲水。時值今日，在巴黎仍有 120 座相同造型的噴泉，原來澳門街坊也可以很巴黎。

1. 誠昌飯店水蟹粥值得一嚐
2.3. 近日流行的貓屎咖啡
4. 位於地堡街的和麗女神噴泉，全澳門共有二座

有鐘樓造型的嘉模聖母堂

這棟建築原為舊圖書館，現為民事登記局氹仔分部的婚姻登記所

青綠色的嘉模會堂

嘉模聖母堂
地址：氹仔嘉路士米耶馬路嘉模前地
時間：07:30～18:30
巴士：11、15、22、28A、30、33、34

嘉模聖母堂：鐘樓造型很別緻

　　嘉模教堂是一座黃白相間的新古典主義建築，二層結構，三角門楣上方又憑添一座鐘樓。雖然看起來突兀，但卻很有身處於童話故事中的感覺。教堂座落在一個小廣場上，對面即是以前的舊圖書館，這裡環境清幽，搭配地上的歐式石板，真的會讓人誤以為身處南歐的鄉間小路。

　　嘉模聖母堂建於 1885 年，於 1992 年列入澳門文物名錄，裡面供奉嘉模聖母，是氹仔唯一一座天主堂。嘉模聖母的由來相傳是出自《舊約聖經》中的一段故事，以色列嘉模山有一個苦修的隊伍，日積月累下來苦修的人數愈來愈多成了嘉模教會。西元 1251 年 7 月 16 日，聖母曾在嘉模教會會長面前顯靈，並賜予他一件棕色聖衣，此後這個「嘉模聖母」的故事便廣為流傳，而 7 月 16 日也成了嘉模聖母節。

　　嘉模聖母教堂是拍照的好地方，可以在前方的舊圖書館向著柱子往外拍，很有童話故事屋的感覺。另外鄰近的一座青綠色的嘉模會堂，也是取景的好地點。

龍環葡韻是由5棟葡式建築串連而成的

龍環葡韻：土生葡人生活真實呈現

　　龍環是氹仔的舊稱，葡韻指的是這裡擁有葡萄牙風格的傳統建築，包括目前被列為澳門八景之一的5棟葡式建築、嘉模聖母堂及舊嘉模圖書館（現為民事登記局，澳門人結婚辦登記的場所）。

　　這5棟葡式建築建成於西元1921年，原是做為當時葡萄牙高級官員官邸及土生葡人的家庭寓所，後來澳門政府當局有鑑於這5棟葡式建築具有歷史價值，便將這一建築群徹底修復，由西到東分別為土生葡人之家、海島之家、葡萄牙地區之家、展覽館及迎賓館。

　　土生葡人之家是我個人覺得最有意思的博物館，裡頭展示當時土生葡人的家庭內部陳設。土生葡人其實是指葡萄牙人和馬來、菲律賓、印度人通婚後的族群，他們多半信仰西方的宗教，但卻有著東方人的生活習慣，所以在屋內可以看到耶穌基督像、東西方混搭家具、東方的瓷器及一些西洋飾品的擺設，是中葡文化融合的最好見證。

海島之家則是一處展覽館，主要講述 1847 年當時葡萄牙人的勢力漸漸佔領冰仔及路環等地，當時的葡裔族群的歷史文化及宗教傳承。葡萄牙地區之家則是展示葡萄牙各地少數民族的服飾及手工藝品，葡萄牙的服飾風格獨具，每個地區都有自己的特色，藉此了解當地的風土民情。

展覽館則用做藝術家的作品展示，包括攝影、繪畫、雕刻等藝術作品，也開放世界各地的朋友在此預約展覽。而最後一棟迎賓館則不對外開放，主要用於官方的正式宴會或是活動使用。

龍環葡韻前方是一個大沼澤地，目前種植大量的荷花，在盛夏季節時荷花怒放，是這裡最繽紛的時刻。朋友們參觀龍環葡韻可以從官也街一路散步過來，經過嘉模會堂、嘉模聖母堂及民事登記局，最後在龍環葡韻參觀葡人房舍及生活服飾，在微風徐徐下劃下一個完美的句點。

土生葡人之家室內風格中西合併

土生葡人家中的擺設

龍環葡韻
地址：澳門冰仔海邊馬路
電話：（853） 8988 4000 /
2882 7527
時間：10:00～19:00（18:30
後停止入場，逢星期一休
息，迎賓館不對外開放）
票價：免費
巴士：11、15、22、28A、
30、33、34

1 2
3 4

1. 一年一度的葡韻嘉年華在此舉行
2. 這裡的葡式民居皆很大器
3. 這裡原是做為當時葡萄牙高級官員官邸及土生葡人的家庭寓所
4. 龍環葡韻前的荷花池

媽祖文化中心

路環郊野公園

大熊貓館

路環市區
（安德魯蛋塔、聖方濟各教堂、路環四廟）

路線
12

路環萌系減壓之旅

漫步約 6 小時

竹灣海灘

黑沙海灘

石排灣馬路 路環郊野公園

大熊貓館

媽祖文化村牌坊

媽祖文化村

黑沙馬路

田畔街

黑沙灣馬路

恩尼斯總統前地

安德魯餅店

聖方濟各教堂

天后古廟

黑沙灣海灘

譚公廟

竹灣馬路

竹灣馬路

鄉村馬路

竹灣海灘

N
W　E
S

石排灣郊野公園：小學生郊遊的後花園

　　石排灣郊野公園佔地約 20 公頃，是一座多功能休閒場所，也是澳門人小時候共同記憶的地方。公園內有土地暨自然博物館、大熊貓資訊館、大熊貓館及動物園，也是野餐的好地方。

　　克里斯在一個午後來到郊野公園，首先造訪大熊貓資訊館，這裡主要是一座多功能展示廳，介紹大熊貓的各種資訊，設有視聽設備、互動展示區、展覽區及圖書室。最吸引我的則是不定期在假日舉辦的各種活動，這次去剛好遇到一個小小的工作坊，現場有服務人員導引，展示大熊貓濕的及乾的大便，利用乾的大便做成熊貓公仔及大便紙，熊貓公仔是利用大便直接徒手塑模而成，大便紙則是利用再生紙加水及大熊貓大便，然後再用果汁機打碎製成。因為大熊貓主食為竹子，大便雖然有味道但是淡淡的青草味，可以在上頭畫畫或是蓋上紀念圖章。現場有媽媽一聽到是大便馬上嗤之以鼻，我倒覺得是寓教於樂的活動，畢竟難得有機會可以接觸到大熊貓的「竹料大便」。

　　這裡也是澳門唯一可以比較近距離接觸到動物的地方，在大熊貓資訊館前有一大水池，裡頭豢養著紅鶴及天鵝，不知為什麼遠遠的看著這些紅鶴，心裡一直想著李安的少年 Pi 電影，不遠處還有養一些鹿、鳥類，最吸睛的莫過於一些活蹦亂跳的猴子。

石排灣郊野公園
地址：路環石排灣大馬路
時間：08:00～18:00
巴士：15、21A、25、
25F、26、26A、50、N3

1.小朋友可以在大熊貓資訊館免費DIY　2.大熊貓的大便及其食物
3.石排灣郊野公園裡頭有水池及小型的動物園

飼養的環境不錯裡頭有空調

大熊貓館
地址：路環石排灣大馬路
時間：10:00～13:00、14:00～17:00（星期一休館）
電話：（853）2833 7676
票價：公園免費，大熊貓館MOP10元
巴士：15、21A、25、25F、26、26A、50、N3

大熊貓心心

大熊貓館：拜訪萌系教主開開及心心

　　石排灣郊野公園重頭戲當然就是大熊貓館，開開及心心是澳門特區政府成立 10 週年時由中國政府贈與澳門的，場館於 2011 年正式對外開放。大熊貓館的造型依照現場的地勢而建，以仿效大自然為主，場館的天篷採用高科技的透光薄膜，讓整個環境可以得到充足的自然光線。館內綠意盎然，假山流水，模擬野外的棲息地，而且大熊貓住在一座有冷氣空調的室內，進到場館即刻可以感受到涼意。

　　開開是公熊貓，當天有點鬧脾氣背對著遊客自顧自啃著竹子，我心想：「熊貓真是好命啊！無憂無慮吃著竹子，又有冷氣可吹，真享受。」目前開開及心心是分居的，因為熊貓本身就有獨居的個性，只有在交配期才會在一起，所以場館內是分成二個展示區分別展示。當天心心顯然開心多了，一邊吃著竹子，還會不時的向遊客拋媚眼，看得現場遊客的心都融化了。

　　走出場館有一個大熊貓禮品專賣店，大致就是以開開及心心為形象的各種商品，公仔、筆記本、明信片、衣服、生活用品等，喜歡大熊貓的朋友不妨參觀選購一下。

媽祖文化村牌坊在山下要搭車上山

媽祖文化村：全球最高的媽祖聖像

　　一次在路環郊野公園下公車後即看到媽祖文代村的大牌坊，牌坊旁邊廣場上停滿了巴士及旅遊車，我心想：「原來媽祖文化村在這！」有賺到的感覺，既然在此就前往瞧瞧。牌坊後方只有旁邊一條通往山上的路，我又心想：「文化村應該在這條馬路後面！」二話不說馬上動身前往，哪知這根本是一條無止盡的 S 型陡坡山路，我以一名遊客的身份，竟然爬坡爬了近 40 分鐘。

　　還好一路上還頗有收穫，主要是媽祖文化村位於疊石塘山的山頂，一路上有步行徑休憩公園、釣魚區及山頂公園等景點，也可以在此瞭望黑沙灘海邊及南中國海。好不容易爬到山頂，終於讓我看見這座氣勢宏偉的媽祖廟，爾後抵達時才發現每 30 分鐘都有接駁巴士在文化村及牌坊間對開。

　　媽祖文化村整體格局採明清時代廟宇，以媽祖天后宮特有的佈局設計而成，整座結構由甬道、山門、鐘樓、鼓樓、祭壇、廣場、南北廊、大殿及流妝樓所組成。大殿供奉著一尊巨大的

媽祖文化村位於一座半山腰上

從這裡可以瞭望黑沙海灘

媽祖神像，文化村成立的宗旨除了提供一處良好的旅遊勝地，並負有文化交流的使命，未來還要興建媽祖博物館、香客大樓及纜車等設施。從 2001 年開始每年媽祖文化節都在九九重陽節舉行，九九重陽是媽祖羽化昇天的日子，特別有意義，除邀請台、港、澳及中國內地媽祖廟前來進香，尚舉辦九九重陽登高活動，可說是澳門旅遊文化節中的盛事。

　　媽祖文化村另一個參觀重點就是全球最高的一座媽祖聖像，這座聖像高達 19.99 公尺，相當於 7 層樓高，由 120 塊漢白玉石雕刻而成，面向路環及澳門島，聖像豐潤及慈祥的面孔就好像在歡迎及保佑前來的旅客及香客。

媽祖文化村

地址：疊石塘山頂
電話：（853）8798 1388
時間：09:00～18:00
接駁巴士：08:45～17:45（每30分鐘一班）
巴士：石排灣郊野公園站15、21A、25、26、26A、50、N3

全球最高的漢白玉媽祖聖像

媽祖文化村整體格局採明清時代廟宇，以媽祖天后宮特有的佈局設計而成

媽祖正殿

安德魯蛋塔創始店：看看旅人幸福的表情

　　路環市區指的是恩尼斯總統前地一帶，中心是一座小圓環，環繞四周看起來都是低矮及有些破落的房子。不過別小看這個地方，這裡可是紅遍亞洲葡式蛋塔的發源地。澳門葡式蛋塔由英國人安德魯創立於 1989 年，其構想改良自葡萄牙蛋塔，位置就在一旁看起來斑駁的二層樓建築，只要看到門前大排長龍，門口有著蛋塔招牌的那家就是安德魯餅店，很好辨認。

　　安德魯創始店只提供外賣服務，裡頭空間不大，大約只有 3、4 名員工，一位負責點餐收費，後頭則是二名員工不停的將餅皮及蛋漿倒入模型內再送入烤箱，然後再將烤好的蛋塔去模上桌。蛋塔好吃的關鍵在其層次豐富又酥脆的外衣，蛋漿烤好後上層要帶有棕色的焦糖，內餡則如同雞蛋版的豆花，而且蛋香要相當濃厚。另一項秘密則是和葡萄牙人傳統吃法一樣，在蛋塔上頭灑上肉桂粉，很多人喜歡比較瑪嘉烈蛋塔好吃，還是安德魯蛋塔好吃，其實二家店都是系出同門，個人覺得只要是剛出爐的蛋塔都相當好吃，因為此時的蛋塔微微燙口，外衣正是酥脆，讓人無法一口吞下的蛋塔都是最好吃的。

安德魯蛋塔創始店
地址：路環市區市中心撻沙街1號地下
電話：（853）2888 2534
時間：07:00~22:00
巴士：21A、25、26、26A、50、N3

這間不起眼的小店就是澳門葡式蛋塔發源地

剛出爐的蛋塔香氣迷人

另一家安德魯咖啡店

想坐下來吃蛋塔享受下午茶的朋友有福了，圓環邊開了一家安德魯花園咖啡分店，供應湯品、沙拉，還有簡餐；面對總店左手邊走去，三聖宮旁邊也開了一家安德魯咖啡店，都是系出同門，朋友們可以在此享受一個悠閒的路環好時光。其實圓環邊還有家藍色像鴿子籠的餐廳，名字叫「常喜」，主要提供義大利餐點，如果旅行到此剛好是用餐時間，不妨也考慮看看。

安德魯咖啡店供應簡餐

圓環邊的常喜餐廳

安德魯花園咖啡外觀

聖芳濟各教堂外的紀念碑是為了紀念村民戰勝海盜

聖方濟各教堂：有故事的小教堂

　　聖方濟各是一座小巧的新古典建築，外觀以鵝黃色輔以白色飾條點綴，教堂上方有一座小鐘，分為主殿及二側小室，教堂前方是一處以葡石綴飾的小廣場，兩側則像是敞開雙臂的陶立克式拱型迴廊。教堂由當地修女所創建，建於西元 1928 年，廣場前方有一座用黑色鍛鐵圍繞的紀念碑，這座碑是為了紀念當地村民於 1910 年戰勝海盜所建立。

　　聖方濟各教堂以聖方濟各為命名，聖方濟各大約 4 百多年前跟隨著傳教士由日本到達中國南部沿海傳教，西元 1552 年在澳門附近一個小島逝世。教堂內原存有一個聖方濟各骨骸聖髑的銀色骨箱，目前已被轉往聖若瑟修院收藏。教堂內原來還存有 1835 年大三巴教堂發生大火時，由裡頭搶救出來的 59 位日本籍及 14 位越南籍的聖髑，目前則存放在大三巴牌坊後方的天主教藝術博物館墓室中。

雅憩花園餐廳

地址：路環市區計單奴街8號
電話：（853）2888 2086
時間：12:00～01:00
巴士：21A、25、26、26A、50、N3

聖芳濟各教堂是韓劇宮野蠻王妃及電影遊龍
戲鳳的拍攝場景

　　拱型迴廊有多家咖啡茶室，其中食客最多
的就屬雅憩餐廳。雅憩主要供應葡國餐及中
西料理，像是葡國雞、各種料理作法的馬介
休球、海鮮料理等，也提供生啤酒。這家餐
廳曾被亞太酒店協會APHA獲頒為亞洲餐飲名
店，饕客大部份為歐洲人或是西方人。如果
剛好走訪至此，不妨順道進來用餐，在葡式
風情的小廣場邊用餐，別有一番異國滋味。

教堂旁邊的雅憩餐廳總是高朋滿座

路環四廟：路環的古廟歲月

　　路環市區不大，以安德魯餅店為起點，大致呈現像操場跑道一樣的環型路線。參觀完聖方濟各教堂，沿著海邊散步，在海港的另一端，看到的對岸即是珠海市，而路環四廟（三聖宮、觀音古廟、譚公廟、天后古廟）就在散步可以抵達的範圍內。路環四廟規模都不大，外觀也不像一般閩式建築般富麗堂皇，但都頗富歷史。古廟在歷史歲月的洗鍊下曾遭受白蟻及風雨的侵蝕，在路環四廟慈善會的奔走下得以集資重修，再現豐華。

　　在小漁村散步可以見到村民們在自家門前打盹、聊天，享受無憂的午後，也能見到村民們在自家門前曬衣服，一切都未加修飾，也不矯揉造作。

路環四廟
地址：船人街、計單奴巷、譚公廟前地、天后廟前地
時間：09:00～18:00
巴士：21A、25、26、26A、50、N3

路環漁村呈現出閒適的生活光景

三聖宮

　　由安德魯餅店依著指標或是往海邊走，右手邊有一家外牆漆成紅色，看起來相當不起眼的小廟。廟邊有一間土地公廟，廟前有二頭看起來古樸的紅色獅子就是三聖宮，三聖宮前有幅對聯「仙靈瑞氣繞鹽灣，幸福愉快賜路環」，鹽灣指的就是路環的古地名。

　　三聖宮又名金花廟，始建於清同治四年（1865）年，據今有近 150 年的歷史，正殿主要供奉金花娘娘、觀音菩薩、華光大師。金花娘娘早期是由漁民帶到此供奉，相傳祂有送子的功能，澳門民眾求子者皆會到此祈願，截至目前三聖宮仍是香火鼎盛。

觀音古廟

　　觀音古廟建於清嘉慶 5 年（西元 1800 年），是路環最古老的廟宇之一，位於計單奴巷一座類似民宅內，一不小心就可能錯過，看到一座通體紅艷的房子，往那條巷子內走進準沒錯。

　　觀音古廟外頭有幅對聯「慈航普渡千秋盛、楊枝施露萬年長」，廟前正殿上方有雕刻精美的木製牌匾，內部上方也有信眾捐贈的雕刻牌匾，為這座古廟增添幾許高雅的格調，金色的觀世音菩薩端坐正殿，兩旁則是金童玉女。

　　每年農曆 2 月 19、6 月 19、9 月 19，觀音菩薩的聖誕、成道、出家等紀念日，都會有拜神儀式，也會派發賀誕禮物，幸運的還能看到醒獅團巡遊踩青活動。

三聖宮主要供奉求子的金花娘娘

觀音古廟位於計單奴小巷內

觀音古廟雕刻精美的木製牌匾

譚公廟

　　沿著海邊散步，走到路底那家就是譚公廟，譚公廟不像台灣廟宇有青龍白虎位，廟門前地下放置著廟前將軍及龜仙爺爺的牌位，這種祭拜方式在台灣比較少見。

　　譚公廟建於清同治元年（西元 1862 年），主祀譚公神，譚公為潮州人，相傳譚公年幼時是位放牛郎，從小就有預知天文變化的能力，準確為當地漁民出海捕魚時預知海象及天氣變化，頗得村民仰賴。青年時從軍也因為建功卓越，由一名士兵被拔擢為大將軍，後來封為涵侯王，中年便得道成仙，於是後人立廟紀念。

　　每年農曆 4 月 8 號是譚公聖誕，也是路環市區最熱鬧的時候，除了有醒獅團表演及粵劇摺子戲表演，另外還有村民們的聯歡聚餐。

廟前古樸的獅子　　入口置放廟前將軍及龜仙爺爺牌位

譚公廟主祀譚公神

路環天后宮

天后古廟

　　天后古廟是路環最古老的一座廟宇，至今約有 3 百多年歷史，堪稱一座活的廟宇博物館，外貌莊嚴典雅，用青石砌成，廟前沒有雕刻精美的龍柱，二頭獅子的外型也日漸模糊，大門的門神也是彩繪的相當精簡，和我們在台灣看到的廟宇門神總是氣宇昂揚大相逕庭，再再述說著這間古廟的歷史。

　　媽祖相傳是福建莆田林姓人家之女，祂羽化成仙後常在海上救苦救難，被皇帝敕封為天后及聖母，是沿海居民最崇敬的神明，也是澳門起源原點。天后古廟是路環最大一座廟宇，其建築行格也相當特別，內含一座有著「廟貌重光」的四方亭，廟分三殿，是座單體組合式廟宇，廟內碑文用葡文記載當時澳門總督出資重修這座廟宇的記錄，在這座廟宇裡可以了解到路環的發展歷史。

現場氣氛很有南洋風情

竹灣海灘：露天雅座喝咖啡望著碧海藍天

　　過了路環市區沿著竹灣馬路，在高處遠遠的可以看到一座海灘就是竹灣海灘。黑沙海灘位於公車站旁邊，而竹灣海灘則要往下坡走一小段路，沿途會見到竹灣青年旅館，小小的一間漆成藍白的外觀頗有幾分地中海的味道。再往下走有幾家面海的旅館，較為人熟知的是竹灣酒店，建在一座山坡上，從戶外陽台可以看到竹灣及南中國海，感覺這裡較少華人入住，現場看到的主要都是歐洲人。

　　竹灣海灘規模雖然沒有黑沙海灘來得大，海灘後方蔥蔥鬱鬱，前方則種植一些椰子樹，一些巨石散佈在海灘上，奇特的是救生員平常待的救生亭就直接蓋在一顆巨石上，整體環境頗有幾分私人度假海灘的感覺。沿著海灘有幾家面海咖啡茶室提供雅

座，竹灣咖啡茶室提供咖啡、果汁、豬扒包、三明治、沙拉、雪糕及泳具租借等服務，很多人在此用餐看海。前方還有另一家陸舟餐廳，供應義大利美食，像是 Pizza、牛排、義大利麵等，餐廳有室內及露天的陽傘戶外雅座，戶外雅座常常座無虛席。

妙的是這裡還有一座露天戶外泳池，屬於民政總署的管轄範圍，每年約 5 月到 10 月間開放，黑沙海灘也有一座可以買通聯票。

陸舟餐廳

地址：竹灣海灘
電話：（853）2888 0156
時間：11:00～23:00
巴士：21A、25、26A

竹灣泳池

時間：星期一13:00～21:00，星期二～日08:00～12:00、13:00～21:00

竹灣酒店面海房間

陸舟餐廳露天雅座

竹灣海灘游泳池

竹灣海灘後方為山景

現場做日光浴的老外

黑沙海灘：吃海鮮燒烤做日光浴

有別於澳門島的熱鬧繁華、路氹區的華燈璀璨，位於澳門南端的黑沙海灘則顯得相對寧靜，像世外桃源一般。

前往黑沙海灘，一下車就可以聞到海鮮燒烤的味道，這是每位來訪旅客對黑沙海灘最初的印象。沿著海灘前有幾家燒烤攤，肉串、香腸、扇貝、秋刀魚烤的滋滋作響，那味道總讓人垂涎。其實不僅是燒烤攤，位於黑沙海灘左側設有公園，裡頭有澳門最大的露營區及燒烤區，從那飄過來的烤肉香也傳遍整座海灘，我到訪時見到很多澳門學生來此露營烤肉，烤肉及露營設備是用卡車載過來的。另外這裡也接受小團體預約，常可見一家大小推著市場買菜那種小車，車裡頭裝滿了木炭、食材及烤具，在此享受大自然及家族相處的時光。

黑沙海灘是一條長約 1 公里多的海灘，原這裡的沙質為黑色的，不過由於流失嚴重，澳門政府當局用新的黃沙來填補。海灘上是我在澳門見過最多年輕人聚集的地方，學生們在海灘

1.學生在老師帶領下也常來此活動
2.黑沙海灘附設露營烤肉區
3.黑沙海灘有救生員

上由老師帶領玩各種競賽活動，金髮碧眼的外
國人在海灘上曬太陽，小小孩玩家家酒，即便
是非假日，這裡也聚集不少遊客。海灘上設有
救生員，是一處有救生員的海灘。

　　附近有一家黑沙灣青年旅館，來自世界各地
的青年學子都可在此申請住宿，這裡常可見到
背包客，旁邊有一家水上活動器材租借的場地，
有水上遊艇、風帆、SUP 等，這裡也有一座水
庫附設水上樂園。

　　在澳門想到戶外走走，想要親近大自然，想
吹吹海風，黑沙海灘是一處不做他想的選擇。

黑沙海灘
地址：澳門黑沙海灘
時間：黑沙公園08:00～21:00；每年5月1日至10月31日
夏季星期六08:00～23:00／休憩區全日24小時
巴士：15、21A、25、26A

1
2
3

黑沙海灘旁有海鮮燒烤攤販

Capítulo V

美食享樂趣
人氣小吃 X 美食故事

澳門飲食豐富多元，粵菜及葡式風味是主流菜系，創新一直是澳門引領潮流的原動力，有許多改良菜式因而誕生。除了街坊小吃，不乏米其林星級美食。

本單元著重在澳門在地小吃，讓人垂涎三尺的水蟹粥及蛋塔絕不能錯過，澳門還有許多在地人才知道的功夫菜，像是葡國風味的馬介休球及葡國雞也是必嚐美味，請大家不要只是望圖興嘆，造訪澳門一定要將胃空出來，好好吃遍大街小巷。

葡式蛋塔：訪澳必吃

　　到澳門沒吃到葡式蛋塔那絕對會抱憾而歸！蛋塔源自於葡萄牙里斯本熱羅尼莫斯修道院（Mosteiro dos Jerónimos），為修女所研發，後來在里斯本貝林區發揚光大。時值今日該區仍舊蛋塔店林立，也是旅客到訪必嚐美食，其中最著名的是創始於 1837 年的 Pastéis de Belém。

　　澳式蛋塔則是由英國人安德魯於 1989 年帶入澳門，由於葡式蛋塔口味偏甜，安德魯採用英式卡士達醬搭配葡式餅皮，減少糖的用量而廣受好評，曾經一度造成台灣人瘋迷，大街小巷到處蛋塔店林立。瑪嘉烈為安德魯的妻子，兩人離婚後她在澳門半島開設瑪嘉烈蛋塔，各有支持者。

　　葡式蛋塔的特色是層層的酥脆餅皮，還有蛋餡上頭那層烤到焦黑的糖漿。在瑪嘉烈澳門半島本店，由於到訪饕客眾多，蛋塔常常是一出爐就直接供應，急著品嚐的朋友往往會燙到嘴。不過也由於這種燙嘴的好味道，總叫人念念不忘，蛋塔搭配一杯 Espresso 是絕配；葡萄牙人吃蛋塔還會在上頭灑上肉桂粉，除了增加香氣，也有中和甜味的效果。

　　澳門是團體到中國大陸旅遊的中繼站，回程時導遊也會建議帶盒葡式蛋塔回台，熱騰騰的蛋塔用紙盒包裝，回到台灣還是一樣酥脆好吃，朋友們到訪澳門，別忘了帶盒蛋塔回來和親友分享。

剛烤好的葡式蛋塔上面有焦糖

新好利咖啡餅店以多元葡塔口味馳名

瑪嘉烈蛋塔總是高朋滿座

安德魯蛋塔

地址：路環島路環市中心撻沙街1號地下（路環市區圓環邊）

電話：（853）2888 2534

時間：07:00～22:00

備註：澳門大學、威尼斯人2110a舖也設有分店

瑪嘉烈蛋塔

地址：澳門南灣馬統領街金來大廈17號B地下

電話：（853）2871 0032

時間：06:30～20:00（星期三休息）

備註：新馬路及南灣大馬路交叉口巷內

新好利咖啡餅店

地址：澳門氹仔地堡街13-14號（在官也街附近）

電話：（853）2882 7373

時間：07:30～18:00

備註：燕窩蛋塔、雪蛤膏蛋塔

擺放整齊的燉奶
總是讓人垂涎

燉奶：香滑軟嫩

　　義順燉奶是香港旅遊手冊上經常推薦的一家甜品店，它是源自於澳門的老字號。義順牛奶公司是一家專售乳製品的公司，牧場位於鄰近澳門的珠海，從牛隻豢養、擠奶到成品都是一貫作業，目前已傳承到第五代。在澳門擁有多家分店，大多設在旅人必定造訪的熱門地點，很容易發現，旅人往往被冷凍櫃裡排列整齊、層層堆疊的碗盛燉奶給吸引。

　　這家店最著名的莫過於「雙皮燉奶」，所謂的雙皮其實是指製作過程所創造出來的二層奶皮。作法是將加熱過的牛奶倒入碗內，待冷卻後上層會凝結成一層奶皮，將這層奶皮挑起倒出牛奶，再將牛奶混合蛋白及砂糖再放回隔水加熱，這樣就會結成二層奶膜，「雙皮燉奶」由此得名。這種作法主要目的是讓燉奶的口感更紮實、奶香更濃郁。

義順兩款人氣燉奶

義順牛奶公司櫥窗

義順牛奶公司

保健牛奶公司位於福隆新巷

保健牛奶公司的紅豆雙皮燉奶

　　除了「雙皮燉奶」，很多人也相當推薦只提供熱食的「巧手薑汁撞奶」，就是將熱燉奶沖入薑汁，燉奶可以中和薑汁的甜味，而薑汁也能去除部份的奶腥味，在冬季是相當熱門的飲品。

　　相較於義順燉奶總是人聲鼎沸，另一家位於福隆新巷，和義順齊名的「保健牛奶公司」，也是一處不錯的選擇。

義順牛奶公司
地址：澳門亞美打利庇盧大馬路
381號
電話：（853）2837 3104
時間：星期一～五09:30～23:00／
星期六、日09:00～24:00

保健牛奶公司
地址：福隆新巷4號地下
電話：（853）2893 8391
時間：12:30～22:30
備註：清平直街附近

減蛋餅：故事伴手禮

澳門是文化、建築有著極大反差，但卻有種平衡美感的最佳代表。這裡時尚酒店林立，用的是最高級的建材，鱗次櫛比高聳的現代大樓下面，隱藏著一間間老房子，伴隨著的是感動人心的庶民生活。

前往大三巴沿路上有一家小小的店舖「潘榮記」，一位八旬老翁正在用碳火烤著餅乾，一片片用圓型麵糰壓製而成餅乾的名稱叫做「減蛋餅」。減蛋餅的原料其實相當簡單，大抵是麵粉、蛋黃、牛油及糖，先是將上述原料預先拌勻再捏製成等量小圓球，將這些小圓球放在用碳火烤熱的二片圓型生鐵上面，壓下上方生鐵烤約30秒，再打開時就是蛋香四溢的減蛋餅。

很多人對減蛋這個名詞感到好奇，其實減蛋的意思是減去蛋白，只採用蛋黃為主原料，如此作法在餅乾烤製後，香氣會更濃郁，而且色澤會更漂亮。減蛋餅看起來樸實無華，吃在嘴裡同樣沒有過多繁複的味道，就只有滿口的蛋香味。可是奇怪的是擁有讓人一口接一口的神奇魔力，也許你也和我一樣在尋找這股力量的來源，後來想想這股美味的力量其實來自時光的淬煉。

60年前，潘伯伯原來只是一家餅店的學徒，專門負責牛油糕及豬油糕的烤製，後來自行創業在議事亭前地擺起小攤，就靠著這一個單純的美味走過一甲子。現在想來實在不簡單，因為光靠著這一味要在快速變遷的大社會中生存，那該有多大的定力及堅持。如今潘伯伯擁有了自己的店面，而原來議事亭前的車仔檔（攤車）則由兒子負責，那是一種傳承。

使用炭火及鐵盤製作減蛋餅

一片小小的餅乾卻蘊藏了這麼多動人的小故事，難怪這片樸實的餅乾總叫人愛不離口。

潘榮記減蛋餅
地址：仁慈堂騎樓
時間：13:00～18:00
備註：原大炮台街店面已收掉，剩兒子經營的車仔擋

217

艇仔粥、水蟹粥：澳門在地美食

廣州人吃粥一向出名，鄰近廣州的香港及澳門則延續廣州人的傳統，大街小巷都有供應粥品的餐廳，澳門人的一天幾乎都是從一碗粥品開始。

廣州粥品的特色在於「粥宜稀不宜稠、味宜清不宜濃、料宜精不宜多」，而且通常粥需要熬煮到不見米粒，有時光是要手打出白粥底就要花上 3 個小時。廣州三大粥系艇仔粥、流花粥及潮汕粥中，艇仔粥自成一個派別，在台灣我們習慣吃的皮蛋瘦肉粥是屬於流花粥的派別，倒是艇仔粥我們比較少嘗試。

艇仔粥源起於廣州西郊的荔枝灣，河道上常有小艇來往穿梭，其中小艇供應來往小艇或是岸邊遊客的粥品，就被稱為「艇仔粥」。狹義來說艇仔粥必須是在船上製作、使用荔枝灣河水，甚至是在船上享用才叫艇仔粥。艇仔粥主要以蝦米、魚片、蔥花、叉燒絲、蛋絲、海蜇皮、油條及花生做為原料，將滾粥沖入主要原料，不過原料上每家店家都會略為調整，有時會加入魷魚等海鮮食材，不管在粥品及材料選擇，乃至火候的掌控都是一門大學問，而一碗艇仔

成記粥麵是一間夾縫裡的小店舖

位於十月初五街一號的牛記咖哩美食水蟹粥也相當推薦

每一碗粥都要用心煮出來

六記粥麵

位於沙梨頭海邊街的權記骨粥是60年的老攤車

粥在饕客用完後要用勺刮碗才及格，意思是粥需要像綿綢般附著在碗壁上頭。

來到澳門另一項值得嚐鮮的則是水蟹粥，位於官也街的誠昌飯店就是以此道粥品為招牌。水蟹粥並不是只有水蟹一種材料，而是混合了包括水蟹、膏蟹及肉蟹等三種元素混搭而成，水蟹增加粥的鮮美味道，膏蟹用於粥中才能顯現出美麗的色澤及甘香的味道，而肉蟹則增加口感，一碗看似簡單的粥品則蘊含了大大的學問。

來到澳門，千萬別錯過讓人想望的各式粥品。

成記粥品
地址：澳門大街巷內（近議事亭前地）
電話：（853）6660 1295
時間：07:45～11:30

誠昌飯店
地址：氹仔官也街28-30號
電話：（853）2882 5323
時間：12:00～24:00

權記骨粥
地址：澳門沙梨頭海邊街（近十月初五街）
時間：15:30～01:30
備註：開業超過60年的老攤車（沒座位），著名的有招牌豬骨粥及炒麵

魚蛋：人氣小吃

在前往盧家大屋的大堂巷裡，隱藏著一攤攤美味的咖哩魚蛋小攤。這些小攤賣的食材有點類似台灣的關東煮或是滷味，比較不同的是採用各家特製的咖哩當湯底，食材燙熟後也會在上頭淋上咖哩醬。

魚蛋是源自於 50 年代香港的流動攤販，在台灣我們稱為魚丸，和台灣魚丸相較下，台灣魚丸口感較紮實，港澳魚蛋則偏向 Q 彈，魚蛋通常再經過一道炸的程序，讓外表看起來呈現漂亮的金黃色。食材通常採用鯊魚肉，裡頭還會加上魚卵，讓咬下魚蛋時會有爆漿的感覺。

大堂巷裡一整排賣咖哩魚蛋的小攤就屬恆友魚蛋的生意最好，常可見到小攤前大排長龍，不僅是遊客，連澳門當地仕女們午休時間也過來買咖哩魚蛋當午餐。小攤的食材非常多，有魚蛋、魚板、德國香腸、海鮮、蔬菜及牛腩、牛筋，所有食材都會串成一串方便計算價格。點餐時只要像台灣滷味攤一樣將想吃的配料放在籃子裡，交給老闆娘就會幫你料理。好吃的

魚蛋攤的食材琳琅滿目

位於大堂巷的恆友魚蛋是人氣小吃

祕密其實是最後關鍵淋上去的咖哩滷汁，可以選擇不同辣度。

　　恆友的咖哩味道不像印度的咖哩味道較重，也不像泰國咖哩有濃厚的椰汁味，更不像日本的咖哩口味偏甜，就是一切都處在中庸的一種平實好味道。在澳門漫步，流了滿身汗，鹽份大量流失的時候，來一碗偏鹹卻不死鹹的咖哩魚蛋是再好不過了。

　　恆友不設座位，購買旅客都是直接坐在街道上的長椅就享用起來，據我觀察大部份都是連湯汁都喝的精光，畢竟恆友魚蛋最經典的就是它的湯汁。恆友目前也推出自製的咖哩膏，是一種濃縮的膏狀物，使用時用湯匙挖一點出來，據說拿來拌麵、煮湯、拌青菜都相當好吃！如果你是咖哩控的話，這不就是一項另類的伴手禮。

恆友魚蛋
地址：大堂巷12C號（盧家大屋、
檸檬車露都在同一條巷內）
電話：（853）6650 8211
時間：12:00～24:00

好吃關鍵在於最後淋上的咖哩醬汁

製好的散麵還要經過
蒸熟或曬乾

1
2
3 4

竹昇麵：即將失傳的傳統手打麵

　　澳門麵館林立，走進澳門麵館不難看到店家採用竹昇麵。其實竹昇麵是流傳於廣東、香港、澳門一帶的一種傳統手工製麵方法，原意為竹竿麵，但因為「竿」的粵言發音有不吉利的涵意，因此成了現在大家所熟知的「竹昇麵」。

　　竹昇麵在澳門是一門夕陽產業，主要是現代人講求速度及經濟，大部份機器取代了人的勞動力，再者面臨了失傳的問題，很多年輕人投入時代產業，也加速這項技藝的式微。

　　傳統的竹昇麵採用竹子反覆壓捻替代人力揉麵糰，師傅會將一根大竹子以繩索固定在製麵檯的一頭，然後坐在竹子上頭反覆上、下抖動，並利用竹竿在麵糰上來回移動，將麵糰反覆揉壓到了一定程度後，再依寬細切成麵條。麵糰是採用麵粉加上鴨蛋，原則上不加一滴水，採用鴨蛋的原因主要是鴨蛋膠質多，

1.全蛋麵主要採用鴨蛋
2.華興麵家仍堅持手工製麵，每日限量供應澳門各大麵家
3.製成的麵食成品
4.麵體要經過6次翻捻才能成型

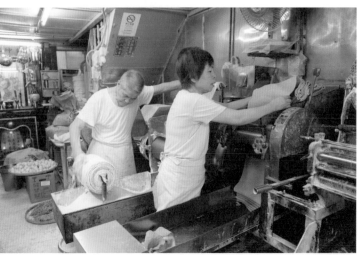

黃枝記粥麵
地址：議事亭前地17號
電話：（853）2833 1313
時間：08:00～24:00

六記粥麵
地址：沙梨頭仁慕巷1號D地下
電話：（853）2855 9627
時間：18:30～02:30

老記粥麵
地址：澳門筷子基和樂大馬路
12號H座
電話：（853）2856 9494
時間：18:00～04:00

華興麵家
地址：新馬路果欄街51號
電話：（853）2892 1375
時間：08:00～19:00

黃枝記粥麵遠近馳名

會散發蛋香，也比較Q，麵體會有淡淡的黃色。一般來說師傅在竹竿上來回抖動1～2個小時是最基本的，過程中要加鹼水（當然也有不加的），加鹼水是保持麵體的爽脆，其實看似簡單的壓麵卻蘊含了很多學問，麵體太乾、太濕都不行，太乾會起粉，太濕會沾黏，而麵條成品蒸過的就叫熟麵，日曬過的則可以保存較久的時間。

　　位於果欄街51號的華興製麵家，目前仍以傳統方式製作全蛋麵、蝦子麵、牛肉麵，並且供應澳門著名麵家，因為目前人力拮据，老闆陳顯義年事已高，也不用竹竿打竹昇麵了，目前只有生產餛飩皮時才是採用傳統的竹竿打麵皮，其他都是靠3部機器6次的翻捻，然後再切成各種粗細的麵體，全蛋麵及蝦子麵蒸熟後還要經過太陽曝曬的程序，下午時分經過這裡時抬頭往華興麵家的頂樓看，可以看到一個個捲成圓形的麵糰在鐵網上曝曬，這個景象也是澳門獨有的風景。

用竹竿打麵現已不多見

木瓜龍眼馬蹄沙

杏香園
地址：清平直街13號
時間：14:30～01:00

勤記糖水
地址：沙梨頭海邊街（近十月
初五街街頭、大誠碼頭對面）
時間：15:30～01:00

勝記瓦煲咖啡
地址：營地街市綜合大樓3樓
電話：（853）6667 9695
時間：07:00～18:00
備註：用中藥瓦罐煲咖啡，再
加入牛奶及糖，是澳門老味道

糖水：作工繁複的澳門糖水

　　廣東人有三大絕活，煲湯、煮粥、熬糖水，這些絕活輾轉傳到港澳一帶，不管哪一種絕活都以慢工出細活聞名，哪怕只是熬一碗糖水。

　　台灣人對糖水的印象停留在夏天才有的各式剉冰，在廣東所指的糖水雖然也不是當正餐食用，不過卻強調養生。廣東人愛吃甜，一天的最後一道食物總要留給各式糖水，任何糖水在端上桌前一定先考慮到養生的問題，所以在食材上面的選料也格外用心。廣東糖水的食材相當豐富多樣，像是紅豆沙、綠豆沙、芝麻糊、花生糊、核桃糊等，中藥如百合、蓮子、銀杏等也可以入菜，每道甜點的食材都要燉到出沙的程度才算是一碗好糖水。

　　位於澳門清平街的杏香園是一家甜品專賣店，店裡所銷售的甜品也強調清潤滋補。詢問老闆哪種甜品是最受推崇的，老闆說這裡的甜品受歡迎程度都很平均，像是馬蹄類、杏仁類、核桃類都相當受歡迎。我點了一道「木瓜龍眼馬蹄沙」，也許大

勝記瓦煲咖啡相當有特色

位於清平直街的杏香園

位於十月初五街頭的勤記糖水

傳說中的白果腐竹薏米水加雞蛋

家會對馬蹄這個字眼感到好奇，馬蹄其實就是荸薺，老闆強調這道糖水是道功夫菜，在料理上格外需要細心，主要是馬蹄買回來時要先泡水，再將外皮刷乾淨才能去掉外層的皮，另外還要防止馬蹄快速氧化變色。

這道糖水在喝的時候入口滑順，淡淡的甜味，湯底有點像勾芡的口感，不過龍眼的味道非常搶味，而且還喝得到粒粒清脆的馬蹄。其實這道糖水會如此費工，有一半的時間花在馬蹄上面，馬蹄要處理成各種不同大小的顆粒，入口才會有清脆的感覺，小小一碗糖水可是蘊藏著大大的學問。

澳門人喜歡在上班前及下班後來一碗糖水，下午後才開始營業的車仔檔常是澳門人的好選擇，位於十六浦索菲特酒店附近，沙梨頭街及十月初五交叉口的勤記糖水，是一攤澳門人從小吃到大的糖水攤，小小的一個攤車上有不同食材的四大煮鍋，綠豆沙、紅豆粥、芝麻糊及薏米水，這四種材料都可以加湯圓或是雞蛋，雞蛋指的是整顆的水煮蛋。我點了一碗白果腐竹薏米水，白果指的是銀杏，腐竹就是豆漿上頭凝固那層，我們稱為豆皮，薏米水就是薏仁。其實這些食材都相當普遍，只是吃這道甜品時，澳門人還會加上一顆水煮蛋，享用時還有一定的步驟，首先要先喝一口薏米水，然後咬一口水煮蛋，之後再喝一口薏米水，然後再大口的搭配蛋和薏米水一同享用，果然照澳門人的方法，原本平淡無奇的糖水，口感變得豐富起來。

有機會來澳門，除了追豬扒包、蛋塔、杏仁餅，別忘了再來一碗各式糖水，真正體驗澳門人的生活文化。

大聲公涼茶位於前往大三巴的沿途

涼茶：澳門人的共同記憶

　　記得小時候每到夏天燥熱時，祖母都會到田野間摘草藥自己熬煮成青草茶，加點糖水放涼了當飲料喝，隨著時間推移，這種小時候的記憶也就慢慢消散了。

　　不過在澳門漫步於大街小巷間，不經意就能看見涼茶攤，大部份是個小攤車，牌子寫滿了各式各樣的涼茶，像是二十四味茶、五花茶、感冒茶、去濕茶、咽喉茶等，各種功效的涼茶琳琅滿目。以往小攤上的涼茶是用銅壺煮的，飲用時倒入一個碗中，上頭蓋上一片圓型的透明玻璃，除了看起來比較衛生，茶湯熱氣蒸發於玻璃蓋上也有告知客人是新鮮現煮的涵意。不過現在的方式有點改變，熬煮好的涼茶會先放在保溫瓶中，客人要喝時再倒入一個透明的玻璃杯，如尚未銷售出去就先用一個不鏽鋼的杯蓋蓋起來，一般來說客人都是現點現喝，現在為了方便也使用外帶杯。

　　澳門涼茶已被列為世界非物質文化遺產，澳門人從小就知道喝涼茶，也都有自己的一套養生方法，他們曉得什麼季節或是身體什麼狀況下要喝什麼茶！涼茶源自廣東及嶺南一帶，由於當地氣候潮濕悶熱，因此發展出一系列去濕解熱功效的涼茶，其性質大多偏於微寒或是寒性。

街坊上常見有五花茶，利用金銀花、菊花、槐花、木棉花、雞蛋花等配方製成的清熱解毒涼茶，不過配方會因為茶攤及配合季節略有調整。

　　二十四味茶則是各家配方不同，其實澳門的涼茶攤除領有攤位執照外，並不會標示涼茶成份，所以各家配方都略有不同，像二十四味茶也並非每家都採用二十四種不同的配方，有些頂多採用八到十種配方，不過其功效也都大同小異，偏向祛熱祛濕及解毒功效。

　　新馬路的小巷間，其實從早到晚都可以看到各種販售涼茶的小攤，在往大三巴牌坊路上也有一家大聲公涼茶。在澳門旅行，我們最常利用11路公車（雙腳）旅行，如果感到燥熱的時候，這時涼茶就成了最佳好朋友。

大聲公涼茶
地址：賣草地街1號地下
（近大三巴牌坊）
時間：08:00～22:00

澳門涼茶盛在玻璃杯中蓋上蓋子銷售

新馬路小巷間不經意就可以看到涼茶攤

馬介休球吃起來滋味
鹹香帶點辣味，每口
都有拔絲的感覺

馬介休球：葡式料理媽媽菜

澳門做為東西文化的十字路口，不管在文化及飲食上都呈現出百花齊放的多重視野，除了廣式料理，到處林立的葡國餐廳也是旅人到澳門必定嚐鮮的口袋名單之一。

葡國餐廳有一道名稱特別的前菜叫「馬介休球」，從字面上也許無法看出端倪，馬介休一詞來自葡萄牙文（Bacalhau），其實就是醃鱈魚。醃鱈魚堪稱為葡萄牙的國菜，餐桌料理上絕對少不了這一味，據說葡萄牙人料理這道菜的方法有千百種，即使是每天變化一種不同烹調方式都不會重覆。嚴格說起來，葡萄牙並不是產鱈魚的大國，不過可能是因為適合的氣候及航運的發達，這種單純只用鹽漬並日曬的鱈魚乾，方便製作與攜帶，因而成為葡國人桌上要角之一。時值今日，葡萄牙各大市場裡都很容易見到這種披鹽日曬的鱈魚，類似台灣早期「柑仔店」的獨特鹹味，也正是旅人對葡萄牙最難忘懷的味道。

這麼多種鱈魚料理方式中，就屬馬介休球最容易，也最受歡迎，這是一道

葡菜全餐讓人垂涎三尺

澳門街頭隨處可見鹹魚海味店舖

船屋葡國餐廳

Escada葡國餐廳

馬介休球是葡國餐廳必備佳餚

將馬鈴薯蒸熟並壓成泥狀再做成橄欖球狀

餐廳提供的六安茶

媽媽菜，各家料理方式不同，不過美味的程度則是各家一致。作法主要是將馬鈴薯蒸熟並壓成泥狀，再將發好的鱈魚剝成絲狀，加入洋蔥、蒜、辣椒粉等，二者以1：1充份混合後，做成像橄欖球的形狀再下鍋炸。馬介休球吃起來滋味鹹香帶點辣味，每口都有拔絲的感覺，搭配酸黃瓜或是波特酒都別有風味。

在澳門，幾乎每家葡國餐廳都有供應這道料理，不妨做個評比，看是哪家較符合你的口味。

蕃茄屋葡式美食

地址：澳門新馬路史山斜巷4號
電話：（853）2836 2171
時間：11:30～22:00（星期二休息）

Escada

地址：澳門新馬路大堂街8號（郵政總局旁斜階梯上）
電話：（853）2896 6900
時間：12:00～15:00、18:00～22:30

船屋葡國餐廳（A Lorcha）

地址：澳門河邊新街289號AA地下（近媽閣廟）
電話：（853）2831 3193
時間：12:30～15:00、18:30～23:00

葡國雞：融合葡非的葡風料理

葡國雞算是葡國料理
的外來品種

小飛象葡國餐

地址：澳門冰仔地堡街（近官也街）
電話：（853）2882 7888
時間：11:45～23:00

公雞葡國餐廳

地址：澳門冰仔官也街 45 號地下
電話：（853）2882 7318
時間：12:00～15:00、18:00～22:30（星期六、日營業至23:00）

葡國雞是澳門最具代表的菜色之一，早期由葡萄牙人從殖民地非洲及印度傳入，算是一道外來並融合本土文化而成的一道經典佳餚。

到葡國餐廳用餐總要點上這一道葡國雞，總期待這道菜會有多與眾不同的表現，菜一上桌也許大家會有和我一樣的懷疑聲：「這不就是咖哩雞嗎？」沒錯！這道菜總讓人有似曾相識的感覺，在印度料理中也品嚐得到。

葡國雞的作法並不難，大家可以在家裡試著做看看，材料為雞、洋蔥、蒜及馬鈴薯，調味料則是薑黃、咖哩、椰汁及鮮奶等。這道菜需要熱熱吃，因為冷了後咖哩會凝固，口感也會變得不夠香濃。

葡國雞適合和佐餐酒搭配，風味更佳，不過其實最搭的還是白米飯，不信你可以試試看。

1.公雞葡國餐廳牆上的壁飾
2.各家葡國餐廳菜單上都有葡國雞
3.小飛象是老牌葡國餐廳

1
2 3

大利來記豬扒包是澳門名產

豬扒包：有什麼比它更令人想望

　　豬扒包是港澳茶餐廳必備的一道美食，在澳門大部份遊客都會想
到氹仔區的「大利來記咖啡室」。

　　相較於澳門半島，氹仔舊城區顯得較恬靜，人潮最多的地
方除了官也街，就屬大利來記咖啡室，那裡的露天雅座總是
擠滿了人潮，每天下午3點以後，排隊人潮更是遠遠的就
可以看到，大家都是為了限量剛出爐的豬扒包而來（大利
來記咖啡室已搬離原址，現在這種景況已不覆見）。

　　豬扒包的作法其實很簡單，就是二塊麵包夾一塊帶骨豬
排，在澳門很多餐廳都供應這道美食，各家作法不盡相同，
大致上就是先將排骨醃漬自製香料，再下去煎或油炸，也有先

大利來豬扒包不同麵包口味

水煮再將肉的表面煎香的作法。大利來受歡迎的關鍵其實是醃漬豬排的十多種香料，以及其用炭火手工烤出來的限量麵包。麵包本質上有點像法國麵包，外層帶點堅硬的脆度，而麵體則帶有咬勁，用炭火烤出來的麵包還有股特殊的炭香味，巴掌大的帶骨排骨夾上略小的麵包，在視覺上有種強迫的飽和感。

外層的麵包除了手工的炭火麵包，也有用餐包及菠蘿麵包取代，當然後二者的供應不用等待，只是點了後會有種失去等待的落寞感。豬扒包好不好吃見人見智，個人覺得豬扒包的滋味，其實是混合期待及排隊的成就感而成的，少了一樣滋味都會因此不同。

勝利茶餐廳
地址：澳門營地大街94號（近議事亭前地）
電話：（853）2857 3745
時間：07:30～22:00

大利來記豬扒包
（官也街公雞葡國餐廳斜對面）
地址：澳門木鐸街37號45 R.
電話：（853）2882 7150
時間：08:00～18:00
備註：威尼斯人2620舖、澳門島大三巴街有分店，威尼斯人豬扒包較外面貴MOP25

豬扒看起來相當厚實

勝利茶餐廳

一杯絲襪奶茶一份豬扒包，就是很道地的口味

沙度娜專賣即食木糠布甸

沙度娜專賣即食木糠布甸

即食的冰火木糠布甸以噱頭取勝

澳門人的生日蛋糕也選木糠布甸

木糠布甸：
葡風小點，葡國人的千層蛋糕

木糠布甸源自於葡萄牙，葡語為 Serradura，原是在高級餐廳才供應的一道甜品，在澳門大部份葡國餐廳及專賣店都有供應。

木糠其實指的是鋪在這道甜品上面的餅乾屑，因為細餅乾屑很像木屑而得名；布甸即是布丁，不過口感不像我們印象中的布丁，比較像冷凍後的慕斯或是冰淇淋。

這道甜點的作法分二部份，首先是將一種圓形的「瑪麗餅」壓成碎屑狀備用，然後將奶油、香草精及煉奶等混合放入冷凍室冷凍，再加入上述的餅乾屑製作而成。有些店家會逐層分佈奶油及餅乾屑，有點類似千層派的作法，有些店家只在奶油上頭加上餅乾屑。

沙度娜是一家專門生產木糠布甸的專賣店，提供朱古力、碎果仁、石板街、綠茶、咖啡、芒果、曲奇等多種口味，並研發出一款以木糠布甸加上熱烘烘蛋白製作而成的「冰火木糠布甸」，是種創新吃法。

不過個人覺得木糠布甸還是原味千層派作法最好吃，就是以一塊圓型蛋糕去分切的那種，試吃了幾家用小盒包裝的即食木糠布甸，大部份都讓我感到失望，當然有時候只是想嚐鮮一下，沒嚐過正統的木糠布甸千萬別說不好吃喔。

沙度娜木糠布甸專門店（氹仔店）
地址：氹仔地堡街泉福新村第一期第六座裕嘉閣地下AA舖95號
電話：（853）2883 8688
時間：10:00～20:00

必達士木糠布丁甜品專門店
地址：澳門官也街92號
電話：（853）2883 0289
時間：11:00～20:00

好吃的木糠布甸
要採千層派作法

雞仔餅：後起之秀，現正熱門

當鉅記及咀香園餅舖以老大哥之姿深耕在澳門大街小巷，位於官也街一家不起眼的百年老店晃記餅家，卻始終秉持著傳統工法手工製作，而且僅此一家別無分號。

晃記餅家也曾有過一段暗淡的歲月，的確！和位於同條小巷內的大型餅家比起來，晃記看起來老舊，窄小又不起眼的門面很難引起遊客的注意。不過老澳門都知道，要吃道地的廣東餅就要來晃記，因為自1897年開業至今，這裡仍舊維持著百年前的老味道。現在晃記餅家門前總是大排長龍，大家都衝著雞仔餅及肉切酥而來，晚來可是只有聞香的份。

名稱可愛的雞仔餅裡頭沒有包雞肉，而且有一段傳奇故事，雞仔餅起源自廣州成珠區的成珠樓，成珠樓是目前廣州已知最古老的一座茶樓。相傳雞仔餅是由茶樓裡一位名叫小鳳的婢女，在無心插柳的情況下所製作出來的餅，她當時利用製作中秋節月餅所剩下的各式餅料，混合捏碎後再加上肥豬肉所製作出來一種混合著甜、鹹、香、酥的餅。這種餅顛覆大家對餅總是甜的想像，而且配茶或酒皆宜，頗受客人好評，於是茶樓老闆就延續這種餅的作法，並取名為「小鳳餅」。

至於為何「小鳳餅」會變成「雞仔餅」，其實是鳳為雞的一種美稱說法，又當時小鳳餅的商標即是以小雞為圖案，雞仔餅就如此流傳下來。時值今日，如果你到成珠

晃記雞仔餅每天新鮮製作

地區，當地人推薦的最佳伴手禮仍然是小鳳餅。雞仔餅的主要原料為麥芽糖、肥豬肉、蒜茸及五香粉等，比較特別是加入一種叫「南乳」的成份。南乳其實就是豆腐乳，可以讓雞仔餅嚐起來多了份甘甜的美味。

晃記除了受歡迎的雞仔餅，還有一種肉切酥，肉切酥其實就是餅乾版的雞仔餅，同樣非常有豬肉的鹹香味道，要吃到道地的廣州雞仔餅及肉切酥，別忘了在官也街小巷裡尋找這種獨特的好味道。

晃記餅家
地址：氹仔官也街14號A
電話：（853）2882 7142
時間：09:30～21:00

晃記杏仁餅也有很多擁護者

晃記人氣商品雞仔餅及肉切酥

師傅現場表演杏仁餅製作

杏仁餅：澳門經典

　　提到澳門手信，杏仁餅幾乎是不二選項，這可以從前往大三巴的手信街到福隆新街，只要是製餅家幾乎都將杏仁餅當成主打。

　　杏仁餅是從廣東省珠海傳入澳門的，製餅的初胚是以綠豆粉包裹糖醃豬肉再下去烘烤，因為外型做得像杏仁的形狀，於是取名為杏仁餅。在澳門杏仁餅以一種強迫的姿態讓來往旅客總能不經意的瞧見，大街小巷林立的製餅家，可以說很多人靠它討生活，在那麼多餅家中最著名的首推鉅記及咀香園。

　　鉅記創始老闆原來只是賣著薑糖及花生糖的車仔檔，1997 年開設第一家店舖，引進杏仁餅製作現場化的模式，顧客在現場除了可以看到製作過程，還能試吃，此創舉果然吸引了更多的買家。時值今日，幾乎各大知名景點都可以看到鉅記手信的店舖，在媽閣廟附近還開了一家手信博物館，讓顧客在選購手信時可以了解澳門製餅家的歷史。

其實杏仁餅外面那層鬆化餅層並不是杏仁，其成份是綠豆粉，是用綠豆浸水煮熟後烘乾再精磨而成。以前口味比較簡單只加杏仁粒，不過現在口味更多元化，有南瓜子、松子、蛋黃、芝麻、肉鬆等各式各樣的口味。其作法是將綠豆粉加入各種原料，再置入一個木製餅模（一般是印製3顆杏仁餅為一模），用棍子將多餘殘留在餅模上的綠豆粉抹平，之後再將這3顆杏仁餅反敲在一個圓形的竹篩上，等候下一個階段的烘烤。據說餅模反面敲出的這個動作看似簡單，但師傅還是需要有相當的經驗，不然一敲出會即刻化掉或是缺角，那就只能重來了。

放在竹篩上的杏仁餅是濕的半成品，還需經過烘烤的程序，一般來說需要烘烤兩個小時，大量生產都是用機器焗烤，有些強調傳統手工炭燒的，即是將杏仁餅放在傳統的木桶裡，再用炭火將綠豆粉的濕氣烤乾。用傳統方法烤出來的杏仁餅帶有淡淡的炭香味，價格也比一般機器烘烤的貴上三成左右。

好吃的杏仁餅香氣淡雅不艷香，入口鬆化，吃得到杏仁顆粒，且拿在手上不能鬆散，口味則是見仁見智，幾乎所有餅家都可以試吃，經過試吃，相信你也能在眾多口味中找到最適合自己的。

最香餅家（炭燒杏仁餅）
地址：澳門夜呣街12號地下A座
電話：（853）2838 3858
時間：10:00～19:00

杏仁餅是澳門經典伴手禮

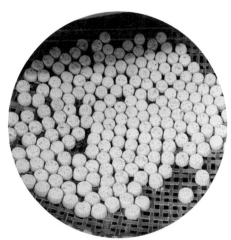

成型的杏仁餅還要經過烘烤的程序

港式小點：傳統的茶館飲茶文化

　　到澳門當然得嚐嚐正宗港式點心，澳門人上茶館飲茶可是從早到晚絡繹不絕。茶館都位於遊客較少到的地方，和在地人同場用餐的機會頗大，也可順便體驗及見識澳門人的生活方式。澳門茶室都座落於小巷內，不管有沒有名氣，感覺每間都人潮爆棚，個人覺得有時在簡巷裡巧遇一家餐廳，也許別有一番新發現。

南屏雅敘

　　面對民政總署大樓，右側新馬路直走，在尚未到達海邊新街前有一個指標往康公廟前地，從指標往右走進去就是十月初五街，這裡聚集了多家小食館及車仔檔。其中最多人討論的就是一家懷舊餐廳南屏雅敘，它是澳門第一家有冷氣的冰室，至今仍保留舊有的模樣。

雞蛋三明治

裹著細砂糖的沙翁

沙翁配咖啡不賴

　　這裡主要供應三明治、西點土司麵包、出前一丁麵食，夏天還有刨冰。有供應一款澳門獨二的甜點叫沙翁，另一家是占西餅店，沙翁是一種類似台灣雙胞胎的炸麵包，只是沙翁的蛋香味更濃，這款甜品在上桌時會裹滿細砂糖，很像一位白頭老翁，名稱也由此而來。而出前一丁即是日本日清食品出的一款泡麵，1968年於日本推出，隔年在香港受到歡迎而流傳至今。

　　在通往二樓的階梯上有一牌子寫著「閣廔同價」，意思是坐樓上的座位不另收費，澳門有冷氣的雅座收貴略高，這裡因為平價所以特別標示。

南屏雅敘
地址：澳門新馬路十月初五街85-85A號
電話：（853）2892 2267
時間：06:30～18:30

西點部

南屏雅敘外觀

龍華茶樓

　　提到澳門歷史悠久的茶樓，當推十月初五街的大龍鳳茶樓及位於紅街市旁邊的龍華茶樓，前者有七十多年的歷史，後者也有五十多年歷史，陪伴澳門人的成長。

　　龍華茶樓外觀是一鵝黃色的建築，和紅街市的紅色恰恰形成對比。這裡供應的港式點心是以每籠 HK25 計算，茶資外加，在高消費的澳門顯得價格相當親民。這裡一切從簡，自己找位置，自己去蒸籠旁取港點，連沖茶也是自己來。來這裡用餐的以當地人居多，有些是在旁邊的紅街市買完蔬果順道過來，所以可能會見到一群好朋友在喝茶閒話家常，也可以看到有人在靜靜的閱讀書報雜誌，和窗外的車水馬龍形成強烈的對比。

　　除了茶樓的布置及餐具、茶具相當復古，就連這裡的結帳方式也很復古，老闆竟是用算盤結帳，想體會澳門人的優閒時光，來這裡準沒錯！

1
2
3 4
5

1.龍華茶樓
2.龍華茶樓供應各式茶品
3.復古的陳設
4.推車小點自行取用
5.港式小點

龍華茶樓
地址：澳門提督市北街三號
電話：（853）2857 4456
時間：07:00～14:00

新葡京酒店擁有兩家米其林三星餐廳　　　　　陶陶居位於清平直街附近

澳門最新米其林美食大匯集：
從三星推薦到街頭小吃

　　雖說各國米其林美食推薦名單是一個參考指標，不過每年榜單
一出爐，總會創造不少話題，對吃貨來說又多了朝聖的理由，對
餐廳來說則是幾家歡樂幾家愁。以前到澳門尋古蹟、享生活、求
刺激，現在又多了項摘星之旅，一趟澳門行如果沒有摘下二顆米
其林總覺得不過癮。

　　根據《米其林指南》的定義，一星餐廳是「擁有高品質的料理，
值得一試」；二星餐廳是「料理傑出，就算要繞路才能到也值得」；
三星餐廳是「餐點卓越，為了它來場旅行也心甘情願」。目前全
球米其林三星級餐廳約 100 家，澳門就佔了 2 家。

位於新葡京的8餐廳

大廚餐廳的招牌菜（官網提供）　　天巢法國餐廳的招牌菜（官網提供）

　　在這篇文章裡將最近出爐的米其林餐廳名單用表列的方式呈現，讓大家更容易摘星，雖每年的名單會有所變動，但是能摘星的餐廳肯定有口碑，後頭附上官網的 QR CODE 條碼，讓各位可以隨時掌握最新資訊，希望大家在澳門有個味蕾的美好饗宴。

澳門米其林推薦餐廳名單

	星級推薦	菜系	地點	電話
三星	法國天巢餐廳	法國菜	新葡京 43 樓	（853）8803 7878
	8 餐廳	中國菜	新葡京 2 樓	（853）8803 7788
二星	Mizumi 泓	日本菜	永利澳門	（853）2888 9966
	京花軒	中國菜	永利澳門	（853）8986 3663
	風味居	川湘菜	星際酒店 5 樓	（853）8290 8668
	御膳房	法國菜	新濠天地頤居 3 樓	（853）8868 6681
	譽瓏軒	粵菜	新濠天地 2 樓	（853）8868 2822
一星	帝皇樓	粵菜	澳門南灣商業大馬路友邦廣場地下（近英皇酒店）	（853）2875 7218
	桃花源小廚	粵菜	葡京酒店東翼大堂	（853）8803 3682
	大廚	牛排	新葡京 3 樓	（853）8803 7777
	永利軒	粵菜	永利澳門	（853）8986 3663
	麗軒	粵菜	澳門銀河麗思卡爾頓酒店 51 樓	（853）8886-6868
	8½ Otto e Mezzo Bombana	義大利菜	銀河酒店 1 樓	（853）8886-2169
	皇雀	印度菜	澳門威尼斯人地面大堂（近金光綜藝館）	（853）8118 9696
	紫逸軒	粵菜	四季酒店大堂	（853）2881 8818
	玥龍軒	粵菜	新濠影滙巨星滙 2 樓	（853）8865-6560
	金坂極上壽司	日本菜	新濠天地 頤居 1 樓	（853）8868 7300
	帝影樓	粵菜	新濠鋒酒店 11 樓	（853）2886 8868

米其林必比登美食推薦（能在 MOP400 元以下提供優質的三道菜料理）

名稱	菜系	地點	電話
祥記麵家	粵菜	澳門福隆新街 68 號	（853）2857 4310
濠江志記美食	粵菜	澳門連勝街 1-E 號麗豪花園第三座平台（近白鴿巢）	（853）2895 3098
老記粥麵（筷子基）	粵菜	筷子基和樂大馬路 12 號 H 座	（853）2856 9494
陶陶居海鮮火鍋	粵菜	澳門爐石塘巷 6 號（近福隆新街）	（853）2857 2629
澳門旅遊學院教學餐廳	澳門菜	澳門望廈山	（853）8598 3077
六記粥麵	粵菜	澳門沙梨頭沙梨頭仁慕巷 1 號 D 地下	（853）2855 9627
鼎泰豐（新濠天地）	台菜	新濠天地 2 樓	（853）8865 3305
Castiço	葡國料理	澳門施督憲正街 65 號 R.（近官也街）	（853）2857 6505
陳勝記	粵菜	澳門路環市區計單奴街 21 號	（853）2888 2021

米其林街頭小吃推薦

名稱	菜系	地點	電話
義順牛奶公司	甜點、燉奶	澳門亞美打利庇盧大馬路 381 號	（853）2837 3104
KIKA 日式雪糕	甜點	澳門大堂巷 11 號福運大廈（近盧家大屋）	（853）2892 0957
檸檬車露	甜點	澳門亞美打利庇盧大馬路 11 號地下（近盧家大屋）	（853）2833 1570
檸檬王	蜜餞	澳門連勝街 1 號	（853）6688 1786
榮記荳腐	粵菜、甜點	澳門果欄街 41 號 43 號	（853）2892 1152
昌盛咖啡粉麵店	粵菜	澳門新橋（三盞燈／白鴿巢）道咩啤利士街 11 號 B 舖地下	（853）2878 8063
新英記	咖啡、麵食	澳門惠愛街 2 號 B-C 地下	（853）6223 7828
晃記餅家	糕餅	澳門氹仔舊城區官也街 14 號	（853）2882 7142
莫義記	甜點	澳門官也街 9 號	（853）6669 5194
李家菜	粵菜	澳門百老匯大街	（853）8883 3338
安德魯餅店	蛋塔	威尼斯人購物中心 3 樓 870 號	（853）2886 6889

澳門米其林餐廳推薦官網

奶皇人蔘酥

萄香焗蟹撻

脆香叉燒包

8 餐廳

最新澳門米其林餐廳出爐，位於新葡京酒店的 8 餐廳以唯一入榜的米其林三星中餐廳艷冠群芳。連續拜訪了新葡京二家米其林三星餐廳，8 餐廳及另一家位於頂樓的天巢餐廳，發現裝潢上都營造一種深邃及喻意悠遠的感覺，就是不開門看不透，開了門還是看不透的風格，所以米其林餐廳大致上就是享受它所營造出來的風格，包括氣氛、餐點及人員的服務。

8餐廳內部金魚絲繡栩栩如生

8 餐廳內部是以紅、黑二色營造氣勢，紅色部份是以絲綢繡上徐徐如生的大金魚來襯托。這家餐廳點菜是一門學問，從前菜、主菜、湯品、港點、甜點到茶品、酒品，種類多到讓人眼花撩亂，當然各種奇珍菜色是應有盡有，價格也是令人咋舌。不過米其林餐廳也不是那麼高不可攀，來此點盤小點一壺茶，服務人員也會好生款待，重點是要能訂得到位置。

這裡的每道港點都相當有特色，種類多到讓人如入大觀園，必點的藍天使蝦金魚餃，上桌時活脫脫三隻金魚躺在魚缸裡；脆香叉燒包則像隻可愛的小刺蝟，讓人捨不得吃。另外推薦萄香焗蟹撻，外觀是小螃蟹造型，入口即化，酥脆爽口，奶皇人蔘酥造型更是讓人莞爾。

想讓你的澳門之行增添味覺及視覺的美好回憶，走一趟 8 餐廳準沒錯！

8餐廳
地址：新葡京酒店二樓綠金層
電話：（853）8803 7788
時間：11:30～14:30、18:30～22:30
備註：假日席位通常要3～4天前預約

Capítulo VI

生活在澳門

旅行一個國家，除了造訪知名景點、享用在地美食，如果能夠多了解在地的庶民文化，旅行層次上則能更上一層。4百多年來澳門受西方文化影響，各個國家、各種人種先後來到這片土地，可愛的澳門人在傳統上非但沒受到影響，反而讓西方文化更融洽的並存在一起，相較於香港對英國，澳門對葡萄牙文化顯得更具包容力。

土生葡人是這個時代所延伸出來的特別族群，他們有著西方人的外表，卻講得一口流利的廣東話，老一輩的土生葡人甚至講著混合各種語言夾雜的土葡話。在這個多元文化下，他們如何實施教育？快速變化的社會是否對澳門人有所影響？還有澳門人的一日生活是何種面貌？讓我們一同來探究。

澳門的教育採台灣學制

　　澳門的官方語言為中文及葡文，民間普遍流通的語言則為粵語。西元 1999 年回歸以前葡語教育在澳門一直是主流，回歸後則開始式微。究其原因，澳門人口以華人居多，講葡語的土生葡人只佔人口比率的 2% 左右，世界上講葡語的葡語區主要在葡萄牙、非洲地區及南美洲巴西，普及率及實用率也不及英文來得高。

　　澳門教育體制一直無法統一，依分類有葡國學制、中國學制、台灣學制、英國學制等，學校教學採用的語言方面也有粵中、中葡、中英及混合式等不同的教學方式，目前公立學制採取台灣學制，幼稚園 3 年、小學 6 年、中學 3 年及高中 3 年的義務教育。很難想像 1981 年澳門東亞大學（現在的澳門大學）成立以前，澳門並沒有供升學的大學院校，在這之前澳門大學生皆以海外求學為主，直至今日澳門升大學仍沒有公立聯招，升學管道主要透過在校成績表現，參加競賽得獎評分，再來就是參加海外考試。台灣的公私立大學海外聯招就是澳門人升大學的其中一個管道，主要考試科目為中文、英文、數學、歷史、地理、化學等。

位於東望洋燈塔下的嶺南中學

澳門學生普遍存在著補習制度，補習班林立，除了校內辦的自學班，也有校外的加強班，年級愈低則愈普遍。低年級補習主要是增加校內考試的競爭力，某種程度上為分擔父母的教育時間；高年級補習則是為了升學準備，補習項目以英文及數學為主。

澳門失業率相當低，平均約為 1.9% 左右，不怕沒工作，只怕不想做，幾乎所有工作都和娛樂及酒店有相當的關連。這造成部份澳門年輕人迷惘，學者也認為澳門人太過仰賴娛樂產業，現實狀況是在酒店擔任房口、保全人員，薪資都有可能比公務人員來得高。在澳門有一個特殊的職業即是在賭場擔任「荷官」，一位荷官的平均月薪資約在新台幣 8 萬 3 千元左右。隨著大型酒店不斷興建，新興酒店會向現有酒店荷官挖角，挖角的薪資當然也跟著水漲船高。

而這個職業需求量大於實際就業量，讓台灣望塵莫及的是在酒店擔任經理級的平均月薪資大約在新台幣 20 萬元之普，也因此台灣人到澳門尋求工作與日俱增，像是體育系畢業的會到劇團或是娛樂場當舞者及表演者，師範大學畢業的也會到澳門當老師。在澳門和台灣一樣競爭，因為就讀人口不多，學生每個都是寶，老師教學不佳也會被學生投訴。

一般人印象中，澳門人生活在一個鎮日燈火輝煌的世界裡，生活起居離不開五光十色的博弈事業。嚴格說起來這句話是對、也不對，博弈事業對澳門職業環境的確起了相當大的影響，最顯而易見的例子即是澳門升學率一直不高，一般年輕人義務教育結束後選擇不繼續升學而投入職場，澳門人就讀大學比率只有三成，其他七成都是中國內地的學生在就讀。年輕人畢業後大多數選擇投入薪資較高的博弈事業，這使得澳門特區的專家學者相當憂心，甚至因此將博弈事業工作門檻拉高到 21 歲。

曾有一名澳門大學畢業生懷抱遠大理想，認為政府培養他到大學畢業，理應在公家機構為政府、為人民打拚，不甘於只能選擇在娛樂場工作。畢業後他選擇當國會議員助理，幾年下來他評估現況，跟他同儕的同學目前薪資都已是他的數倍，而以他目前薪資要在澳門買一棟樓簡直是天方夜談，澳門 2014 年平均房價在每坪台幣 110 萬元左右，理想和現實拉鋸是目前澳門人面臨的功課之一。

數字資訊來源：澳門特別行政區政府　統計暨普查局

博弈工作對澳門年輕人來說吸引力很大

土葡人表演傳統舞

有趣的澳門街道及生活用語

　　也許大家和我有相同的感覺，澳門、香港、台灣是華人地區唯一使用正體中文的，但一樣的文字卻在字義上有著截然不同的涵意。雖然不像日本在漢字用法上變體的那麼徹底，不過有些從字面上還是得動動腦筋才能了解箇中涵意。

　　澳門街角最大特色即是路牌及門牌皆採用葡國青瓷標示，路名命名方式相當多元有趣，也會考量地域及風俗，大街小巷常看到的「前地」即為「廣場」的意思；「圓形地」則為「圓環」；而2、3棟房子圍起的空間則為「圍」或「坊」；「斜巷」則是有高低落差的階梯或街道；「海邊街」則為靠近海邊，「果欄街」則是以前水果買賣集散地。街道名稱來源多元，可以是人名、節慶、國名、政治、地形，天馬行空，很多名字冗長讓人摸不著頭緒，這些街名其實是從葡文音譯過來的，像是「俾利喇街」、「罅些喇提督大馬路」，澳門半島東南方宋玉生公園一帶就有多條異國風味的街名，像是「柏林街」、「巴黎街」、「布魯賽爾街」、「倫敦街」等。

　　澳門人承襲廣東的口語用法，大致和香港無異，但曾是葡萄牙的殖民地，在口語上也受葡語直譯的影響。澳門土語通常指的是土生葡人間發展出來的方言，不過目前會操流利土生葡語的人已寥寥可數。這種語言是以葡萄牙語為基礎，並在口語間夾雜了粵語、英語、馬來語等。在澳門看起來西方的臉孔，都可以講流利的粵語或是普通話、英語等，而在澳門出生的土生葡人（葡萄牙人和中國、印度、東南亞國家或日本等國家混血，在澳門出生的人），當地人習慣稱為「本澳仔」或是「澳門仔」。

澳門街道標示牌採用葡式青瓷

在澳門常見的口語用法和中文喻意

的士 = 計程車

陀地 = 在地人

不補水 = 不補差額

地下 = 一樓

地庫 = 地下室

士多 = 商店或小賣部

車仔檔 = 攤販

手信 = 伴手禮

忌廉 = 鮮奶油

馬介休 = 醃鱈魚

木糠布甸 = 木糠蛋糕

紐結糖 = 牛軋糖

雪糕 = 冰淇淋

大菜糕 = 燕菜凍

啫喱 = 果凍

糖水 = 甜湯

多士 = 土司

士多啤梨 = 草莓

提子 = 葡萄

免治豬肉 = 豬肉末

呍喱嗱 = 香草

三文魚 = 鮭魚

撈麵 = 拌麵（乾麵）

腐竹 = 豆皮

白果 = 銀杏

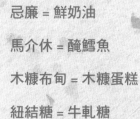

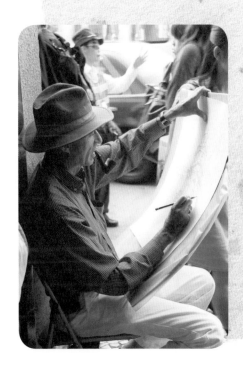

1 2
3

1.義字街上招財的土地門神
2.天官則擺在土地門神上方
3.大部份土地門神皆擺在門口地上

隨處可見的門口土地財神

在澳門街坊漫步，尤其是遠離商業區，往議事亭前地北方如福隆新街、連勝街一帶都可以看見民宅或是餐廳前一個特殊現象，就是門口都會擺上一付「門口土地財神」的神位。

門口土地財神往往沒有塑像，都只寫上字體代表，神龕的材質也可反應屋主的經濟狀況，一般百姓多用石材刻上「門口土地財神」這幾個大字，上頭則有「天官賜福」字樣，簡單點的有採用紅紙寫字，也有只供奉茶杯燃香的，在神龕前則放置一個寫上金玉滿堂的瓷製香爐，每天三柱香以示虔誠。

對澳門人來說門口設置「門口土地財神」，往往是希望天神降臨並賜予幸運給自家，另一方面也有擋掉不好煞氣的涵意。土地公亦為財神，很多開店做生意的也會供奉土地公。

盧家大屋的土地門官採用精美磚雕，顯示出他的財力雄厚，而鄭家大屋的門官則屬於較低調的灰塑。土地財神的供奉沒有固定形式，往往反應的是主人的思想及格調。澳門博物館裡也有展示澳門早期大戶人家的土地門官，顯示祭拜土地公的傳統自古有之。

也許大家跟我一樣好奇，在台灣，土地公都被供奉在牆壁上位，不像港澳地區土地公都被放置在門前的地上，其實這個典故要追溯至民間傳說故事，版本有很多種。相傳明太祖朱洪武常微服出巡體察民間，一日遇到一名將要進入國子監讀書的生員，二人相約至酒樓飲酒，因為當天酒樓客滿，明太祖遂見一尊「福德正神」端坐桌上，於是就先將祂請下來暫放在牆邊並空出桌子。二人飲畢離去後，館主將土地公請回，是夜，館主即夢到土地公，土地公在夢裡表示既然明太祖已將祂擺在地上，就依明太祖的指示將祂放回牆角地上吧。夢醒後館主原半信半疑，但當天這名生員竟被召進宮當官，他這才相信。這個故事流傳下來後，土地公也就一直被擺在地上了。

澳門人的宗教信仰大致和台灣一樣，普遍來說你問他們的信仰為何？大約一半的人會說無特殊信仰，但這不代表他們本身排斥宗教信仰，也許他們家門前同樣放著土地財神，也會參與迎神賽會。土生葡人的家庭宗教會比較多元，可能父親信仰的是天主教，母親信仰的則是道教，但這都無損於他們對於信仰的尊重。澳門對於宗教採取開放政策，只要是教人為善都猶如大海納百川一樣，據統計澳門居民大部份信仰的是道教及中國民間宗教，比例佔大宗，天主教、基督教信仰的人口比例相對較少，約只佔總人口的 5%。

哪吒廟旁的土地門神

大戶人家的磚雕土地門神

路環一座蓋有小房子的土地門神

清晨晨運的澳門市民　　　　　　　　　位於澳門銀河的UA電影院，是澳門年輕人看電影的好去處

1.各式澳門信箱
2.小區的垃圾收集處
3.鐵門都會開小洞方便出入

澳門人的一日生活

　　澳門人生活其實很悠閒，和大眾印象中賭場裡匆忙的景象很不搭，由於曾受葡萄牙統治，生活上承襲了南歐悠閒的步調。

　　澳門人的一天其實都從一碗粥麵開始，或是到茶餐廳享用一杯奶茶、一份三文治，偶而獨自看一份報紙，或是和三、五好友在茶餐廳聊天。澳門人很喜歡晨運，每個小區都設有公園，每天清晨各大公園會湧入大批市民做伸展運動，如果大家有機會可以利用清晨到公園走走，保證讓你大開眼界，澳門人運動方式千奇百怪，扇子舞、打太極、獨創方法，應有盡有。

　　博奕事業也改變了澳門人的習慣，娛樂場 24 小時營業，在娛樂場上班的人也要輪值，為了因應日、夜交班的上班族，大部份餐廳營業時間都到很晚，或是下午才開始營業。吃宵夜是澳門人夜間最大宗的活動，澳門夜生活雖不像台灣那麼精彩，但是文化局會定期舉辦藝文表演，議事亭前地也會因應不同節日，舉辦各種活動，年輕人喜歡到電影院看電影，銀河酒店裡有一間設備新穎的 UA 銀河影院，有趣的是看 3D 電影要自備 3D 眼鏡，否則要自行購買，一付售價為 HK10 元。

　　有人說澳門人胸無大志，只希望把生活過好，認為澳門人究其一生都是循常規前進，就學、就業、娶妻、生子，青年人大都在很年輕時就結婚了，大部份人也都按著這個步調在過日子。

澳門人的生活其實充滿著台灣的元素，很多地方可以看見蛛絲馬跡，麥當勞裡擺著《東方日報》及《澳門日報》這二大報紙都有兩岸新聞及台灣櫥窗專欄，台灣所發生的新聞在這裡可說是零時差。澳門新聞有一個奇特的現象，機車偷竊及年輕人偷嘗禁果都能登上頭版新聞；街道打掃日也會放上頭版邊欄。

澳門有一項特殊設施，每個小區都設有大型垃圾收集站，常可看到居民隨時將垃圾投進收集站，如此一來少了台灣常可見到的追垃圾車情景，缺點是收集站周邊味道不是很好。打開電視機，除了中國及香港電視節目頻道，很大比例都是台灣節目，像是東森、TVBS、民視、中天、三立等，第一時間零時差播送，台灣新聞常成了澳門人茶餘飯後閒聊的話題。

澳門街坊間開的美妝店都標榜韓系產品，飲料店清一色標榜台式原味，台灣有嚮茶及貢茶等品牌也進駐澳門，很多 OL 中午午休時間也喜歡買一杯台式搖搖，喝飲料可以說和台灣同步流行。

澳門人生活承襲南歐步調

澳門人也喜歡到台灣旅遊，除了自助，很大比例也會跟團，行程一般為 4 天到 7 天，有單獨北台灣及環島旅行。北台灣熱門景點為九份、菁桐老街、士林夜市及誠品書局等景點；環島旅行規劃則跳脫我們印象中的芭樂景點，像是他們會規劃礁溪、大溪、墾丁，甚至是南投的微笑天梯。

澳門有很多外來人口，像是馬來西亞、印尼、菲律賓、中國、韓國、台灣及泰國人，外貌上有時不講話一時間也無法分辨，所以如果你在澳門問路，佔很大比例會問不出個所以然來。我就曾經問一名路人大三巴怎麼走？結果這位仁兄用雙手朝東南西北各比劃了一次，然後做了個飛機起飛的姿勢，讓人丈二金剛摸不著頭緒，好氣又好笑！

台式小吃在澳門零時差

台式飲料店現正受歡迎

到處都是標榜台灣口味的飲料店

澳門 小旅行

世界遺產X旅店潮玩X離島漫遊X中葡小吃X巷弄私旅再發現　全新增訂版

2AF663

作　　者	克里斯‧李
責任編輯	李素卿
主　　編	溫淑閔
版面構成	廖麗洳、廖麗萍
封面設計	走路花工作室

行銷專員	辛政遠、楊惠潔
總編輯	姚蜀芸
副社長	黃錫鉉

總經理	吳濱伶
發行人	何飛鵬
出　　版	創意市集

發　　行　城邦文化事業股份有限公司
歡迎光臨城邦讀書花園
網址：www.cite.com.tw

香港發行所　城邦（香港）出版集團有限公司
香港灣仔駱克道193號東超商業中心1樓
電話：(852) 25086231
傳真：(852) 25789337
E-mail：hkcite@biznetvigator.com

馬新發行所　城邦（馬新）出版集團
Cite (M) Sdn Bhd
41, Jalan Radin Anum, Bandar Baru Sri Petaling,
57000 Kuala Lumpur, Malaysia.
電話：(603) 90578822
傳真：(603) 90576622
E-mail：cite@cite.com.my

客戶服務中心
地址：10483台北市中山區民生東路二段141號B1
服務電話：（02）2500-7718、（02）2500-7719
服務時間：周一至周五 9：30～18：00
24小時傳真專線：（02）2500-1990～3
E-mail：service@readingclub.com.tw

※詢問書籍問題前，請註明您所購買的書名及書號，以及在哪一頁有問題，以便我們能加快處理速度為您服務。
※我們的回答範圍，恕僅限書籍本身問題及內容撰寫不清楚的地方，關於軟體、硬體本身的問題及衍生的操作狀況，請向原廠商洽詢處理。

※廠商合作、作者投稿、讀者意見回饋，請至：
FB粉絲團‧http://www.facebook.com/InnoFair
Email信箱‧ifbook@hmg.com.tw

印　　刷　凱林彩印股份有限公司
2019年（民108）11月（初版2刷）
Printed in Taiwan
定　　價　350元

國家圖書館出版品預行編目資料

澳門小旅行：世界遺產X旅店潮玩X離島漫遊
X中葡小吃X巷弄私旅再發現 全新增訂版 /
克里斯‧李 著.
-- 初版. -- 臺北市：
創意市集出版：城邦文化發行,
民107.6 面；公分
ISBN 978-957-9199-10-0 (平裝)
1.旅遊 2.澳門特別行政區
673.969　　　　　　　　　　107007021